Der Mensch im Unternehmen:
Impulse für Fach- und Führungskräfte

Christoph Negri, IAP Institut für Angewandte Psychologie,
ZHAW Zürcher Hochschule f. Angew. Wiss.,
Zürich, Schweiz   *Herausgegeben von*

EBOOK INSIDE

Die Zugangsinformationen zum eBook inside finden Sie
am Ende des Buchs.

Diese Buchreihe widmet sich aktuellen Themen und Trends in den Bereichen Personalwesen und Führung aus Perspektive der angewandten Psychologie. Praxisnah aufbereitet und kompakt im Umfang finden Führungskräfte, Unternehmensleiter/-innen, Personal- und Organisationsentwickler/-innen sowie Coaches und Berater/-innen Fallstudien und Best-Practice-Fälle aus führenden Unternehmen, Interviews mit Experten und Meinungsbildnern sowie konkrete Handlungsanleitungen für die Führungspraxis. Die Buchreihe begleitet die sich an Praktiker richtende, jährlich stattfindende Veranstaltungsreihe „IAP-Impuls" des renommierten IAP Instituts für Angewandte Psychologie.

Weitere Bände in der Reihe: http://www.springernature.com/series/15747

Christoph Negri
Hrsg.

Psychologie des Unternehmertums

Von der Gründung bis zur Nachfolgeregelung

Herausgeber
Christoph Negri
IAP Institut für Angewandte Psychologie
ZHAW Zürcher Hochschule für Angewandte Wissenschaften
Zürich, Schweiz

Der Mensch im Unternehmen: Impulse für Fach- und Führungskräfte
ISBN 978-3-662-56020-4   ISBN 978-3-662-56021-1 (eBook)
https://doi.org/10.1007/978-3-662-56021-1

Die Deutsche Nationalbibliothek verzeichnet diese Publikation in der Deutschen Nationalbibliografie; detaillierte bibliografische Daten sind im Internet über ▶ http://dnb.d-nb.de abrufbar.

Springer
© Springer-Verlag GmbH Deutschland 2018
Das Werk einschließlich aller seiner Teile ist urheberrechtlich geschützt. Jede Verwertung, die nicht ausdrücklich vom Urheberrechtsgesetz zugelassen ist, bedarf der vorherigen Zustimmung des Verlags. Das gilt insbesondere für Vervielfältigungen, Bearbeitungen, Übersetzungen, Mikroverfilmungen und die Einspeicherung und Verarbeitung in elektronischen Systemen.
Die Wiedergabe von Gebrauchsnamen, Handelsnamen, Warenbezeichnungen usw. in diesem Werk berechtigt auch ohne besondere Kennzeichnung nicht zu der Annahme, dass solche Namen im Sinne der Warenzeichen- und Markenschutz-Gesetzgebung als frei zu betrachten wären und daher von jedermann benutzt werden dürften.
Der Verlag, die Autoren und die Herausgeber gehen davon aus, dass die Angaben und Informationen in diesem Werk zum Zeitpunkt der Veröffentlichung vollständig und korrekt sind. Weder der Verlag noch die Autoren oder die Herausgeber übernehmen, ausdrücklich oder implizit, Gewähr für den Inhalt des Werkes, etwaige Fehler oder Äußerungen. Der Verlagbleibt im Hinblick auf geografische Zuordnungen und Gebietsbezeichnungen in veröffentlichten Karten und Institutionsadressen neutral.

Gedruckt auf säurefreiem und chlorfrei gebleichtem Papier

Springer ist Teil von Springer Nature
Die eingetragene Gesellschaft ist Springer-Verlag GmbH Deutschland
Die Anschrift der Gesellschaft ist: Heidelberger Platz 3, 14197 Berlin, Germany

Vorwort

Dieses Fachbuch entstand begleitend zur Veranstaltung IAP Impuls des IAP Instituts für Angewandte Psychologie der Zürcher Hochschule für Angewandte Wissenschaften ZHAW. Die Veranstaltung wie auch das Buch haben zum Ziel, ein aktuell relevantes Thema aufzunehmen und aus psychologischer Sichtweise zu bearbeiten und zu diskutieren. Dieser Band ist der erste in der neu geschaffenen Reihe „Der Mensch im Unternehmen: Impulse für Fach- und Führungskräfte" und widmet sich dem Thema „Psychologie des Unternehmertums". Acht unterschiedliche Beiträge befassen sich auf praxisnahe Weise mit den psychologischen Aspekten unternehmerischen Handelns: der Firmen- bzw. Start-up-Gründung, gefragten Führungskompetenzen von Gründern, dem Spannungsfeld „Familie – Manager" in Familienunternehmen, dem Problem der Nachfolgeregelung etc. Neben realen „Best-Practice-Fällen" aus verschiedenen Branchen kommen Expertinnen und Experten in Interviews zu Wort, neuste wissenschaftliche Erkenntnisse von aktuellen IAP-Forschungsergebnissen werden für die Anwenderinnen und Anwender aufbereitet und relevante, praxisdienliche Hinweise beschrieben. Praktiker finden in diesem Band Grund- und Anwendungswissen in kompakter, leicht verständlicher Form.

Bei einem großen Teil der Autorinnen und Autoren handelt es sich um fest angestellte Mitarbeitende des IAP Institut für Angewandte Psychologie Zürich. Alle Autorinnen und Autoren bringen viel Praxiserfahrungen mit und beschreiben in ihren Beiträgen sei es eine Fallstudie oder eher ein Grundlagenkapitel mit aktuellen angewandten Forschungsergebnissen immer den Nutzen für die Praxis. Sie bilden damit das Fundament für den Transfer in die Anwendungsbereiche der Leserinnen und Leser. Das Buch wurde bewusst aus einem Mix von Fallbeispielen und Fachartikeln zusammengestellt und soll die Breite und Vielfalt des Themas Unternehmertum betrachten.

Den vielen Autorinnen und Autoren möchte ich für ihre engagierte und fachlich äußerst wertvolle Mitarbeit danken. Ein großer Dank gilt den vielen Kundinnen und Kunden, die uns jährlich bei der IAP Impuls Veranstaltung und in den vielen Weiterbildungsangeboten besuchen und durch ihre intensive und konstruktive Auseinandersetzung mit den verschiedenen Themen einen wesentlichen Beitrag und Impuls bei der Erstellung des Buches geleistet haben.

Die Verwirklichung eines solchen Buchprojektes ist nur durch großes Engagement vieler helfender Personen machbar. An dieser Stelle bedanke ich mich bei allen Kolleginnen und Kollegen am IAP, die mithelfen, dass wir jährlich diesen tollen IAP-Impuls-Anlass mit großem Erfolg durchführen können und damit auch diese Fachbücher möglich machen.

Besonders großen Dank gebührt Joachim Coch und Judith Danziger als Verantwortliche und Projektleitende des Springer-Verlags für ihre vielen konstruktiven Gedanken und Ideen und für die großartige Unterstützung und Geduld mit uns Autorinnen und Autoren. Frau Daniela Böhle danke ich für das äußerst kompetente Lektorat. Die langjährige Zusammenarbeit mit dem Springer-Verlag und Frau Böhle basiert auf viel gegenseitigem

Vertrauen und ich freue mich jetzt schon auf das nächste Fachbuch, das wir 2018/19 gemeinsam produzieren können.

Ich wünsche allen Leserinnen und Lesern eine interessante Lektüre und viel Erfolg beim Transfer in den eigenen beruflichen und persönlichen Alltag und freue mich schon jetzt auf alle Begegnungen und Diskussionen bei der nächsten IAP Impuls Veranstaltung und in unseren Weiterbildungen.

Der Herausgeber
Christoph Negri
Zürich, im September 2017

Über die Autoren

Boss, Patrick
Prof. Dr. phil.; Studium der Psychologie, Psychopathologie des Kindes- und Jugendalters und Neurophysiologie an der Universität Zürich. Langjährige Tätigkeit am Psychologischen Institut der Universität Zürich. Als Projektleiter verantwortlich für die Planung, Entwicklung, Überprüfung und Einführung der psychologischen Testverfahren für die Rekrutierung der Schweizer Armee in den Bereichen Diensttauglichkeitsbeurteilung, Funktionszuteilung und Kaderbeurteilung. Seit 2011 am IAP Institut für Angewandte Psychologie im Zentrum Diagnostik, Verkehrs- & Sicherheitspsychologie als Berater und Dozent tätig und dabei auch zuständig für praxisorientierte Forschungs- und Entwicklungsprojekte.

Fernandes, Andreia
Andreia Fernandes hat ein MBA an der Universität St. Gallen erworben. Davor hat sie Internationales Management an der ZHAW Winterthur und in Israel studiert. Sie ist zertifizierter Coach sowie Dale Carnegie (r) Trainerin und bildet sich kontinuierlich in den Bereichen Coaching, Kommunikation, Unternehmertum / Entrepreneurship, Corporate Governance und Psychologie weiter. Mit SEABRAND International berät sie Unternehmen interdisziplinär in den Bereichen Strategie, Marketing und Leadership und coacht Executives. Sie ist Dozentin für Leadership und Marketing an diversen Schweizer Business Schools und hat außerdem 2015 das Soziale Unternehmen Sexy Little Bag gegründet, das sie nach den triple bottom line Prinzipien führt.

Gundrum, Ellen
Ellen Gundrum studierte Betriebswirtschaftslehre an der Berufsakademie Mannheim; nach einem Trainee-Programm im Bereich Marketing-Vertrieb in einem internationalen Industrieunternehmen war sie über 15 Jahre als Beraterin und Strategische Planerin in Kommunikationsagenturen in Deutschland und der Schweiz tätig; 2006/2007 begleitete Ellen Gundrum als Leiterin Marketing und Kommunikation die Überführung der Marke IAP Institut für Angewandte Psychologie in die ZHAW Zürcher Hochschule für Angewandte Wissenschaften, seit 2008 ist sie Leiterin der Stabsstelle Strategische Marktbearbeitung; seit 2015 leitet sie ein Projekt, das sich mit dem digitalen Wandel in der Arbeitswelt, Weiterbildung und Beratung befasst und diesen Wandel am IAP fördert; Ellen Gundrum ist zudem als freie Kommunikationsberaterin tätig.

Hardegger, Simon

Simon Carl Hardegger war nach seinem Studium in Psychologie, Pädagogik und Kriminologie an der Universität Zürich über neun Jahre als Unternehmensberater in den Bereichen Management Diagnostik und Team- bzw. Führungskräfteentwicklung auch auf internationaler Ebene tätig, zuletzt in leitender Funktion. Daneben leitete er während zehn Jahren operativ die Ausbildung in einem Sicherheitsunternehmen. Er absolvierte verschiedene Weiterbildungen in den Bereichen Betriebswirtschaft, Recht, Krisenkommunikation, strategisches HR-Management und Mediation.

Seit 2009 ist Simon Carl Hardegger am IAP Institut für Angewandte Psychologie als Berater und Dozent tätig und leitet das Zentrum Diagnostik, Verkehrs- & Sicherheitspsychologie. Sein Arbeitsschwerpunkt liegt in der psychologischen Eignungsdiagnostik mit einem Fokus auf sicherheitspsychologischen Risikobeurteilungen menschlicher Faktoren im beruflichen Kontext sowie auf Führungskräfte-Assessments aller Hierarchiestufen.

Huber, Rafael

Rafael Huber ist ausgebildeter Neurowissenschaftler und arbeitete mehrere Jahre in der Forschung, wo er sich mit der Frage beschäftigte, wie das menschliche Gehirn ökonomische Entscheidungen unter Unsicherheit verarbeitet. Seit 2016 ist er Dozent und Berater am IAP Institut für Angewandte Psychologie. Bevor Rafael Huber ans IAP kam, war er als Wirtschaftsberater tätig, wo er Firmen aus verschiedenen Branchen betreute. Sein Schwerpunkt liegt heute im Bereich der Wirtschaftspsychologie.

Klink, Thomas

Dr. phil., Dipl. Ing.; Dipl. Ing. (FH) Studium des Ingenieurwesens (FH Furtwangen, D) und der Psychologie (Universität Fribourg, CH), Vertiefung in Arbeits- und Organisationspsychologie und Dissertation im Bereich der Stressforschung. Weiterbildung zum diplomierten Laufbahnberater. Internationale Berufserfahrung in der Fertigungsoptimierung (Japan, USA), im Produktmarketing und langjährige Erfahrung in Leitungsfunktionen im Bereich Human Resources in der Privatwirtschaft. Am IAP als Dozent und Berater im Bereich Leadership, Coaching & Change Management tätig.

Über die Autoren

Negri, Christoph
Prof. Dr. phil. I, Arbeits- & Organisationspsychologe und Fachpsychologe für Sportpsychologie SBAP.
Langjährige Erfahrung als Leiter in der Aus- und Weiterbildung in Schweizer Detailhandelsunternehmen. Leitet das IAP Institut für Angewandte Psychologie. Er arbeitet als Dozent, hält Beratungsmandate für verschiedene Profit- und Non-Profit-Organisationen inne und berät diverse Schweizer Spitzensportlerinnen und Spitzensportler. Seit 2015 führt er am IAP verstärkt neue Entwicklungen im Bereich Lernen und Lehren ein und treibt den digitalen Wandel in Weiterbildung und Dienstleistung voran.
Im Springer-Verlag ist von ihm bereits erschienen: Angewandte Psychologie für die Personalentwicklung (2010)

Schmidt Boner, Ladina
Ladina Schmidt Boner ist Dozentin und Beraterin am IAP Institut für Angewandte Psychologie der ZHAW. Die diplomierte Psychologin FH mit Schwerpunkt Arbeits- und Organisationspsychologie ist selber in einem Familienunternehmen aufgewachsen und zusammen mit ihrer Mutter und den zwei Brüdern Teilhaberin desselben.
Am IAP begleitet sie Einzelpersonen und Gruppen in ihrer Berufs-, Studien- und Laufbahnplanung, leitet Weiterbildungskurse zum Thema „Standortbestimmung und Laufbahnentwicklung" und berät Unternehmen zum Thema Nachfolgeplanung.

Schreiber, Marc
Prof. Dr. Marc Schreiber hat an der Universität Zürich Psychologie, Volks- und Politikwissenschaften studiert und im Bereich der Laufbahnpsychologie promoviert. Am IAP Institut für Angewandte Psychologie der ZHAW Zürcher Hochschule für Angewandte Wissenschaften leitet er das Zentrum Berufs-, Studien- und Laufbahnberatung. Er ist als Berufs-, Studien- und Laufbahnberater sowie Dozent in den Bereichen Laufbahn-, Outplacementberatung, Persönlichkeitspsychologie und Diagnostik tätig.

Siano, Roberto
Lic. phil., Studium der Psychologe, der Betriebswirtschaftslehre und des Arbeitsrechts an der Universität Zürich. Langjährige Arbeit in einem Beratungsunternehmen im HR Umfeld. Entwicklung und Umsetzung von Einzelassessments, Development und Assessment Centern auf unterschiedlichen Führungsstufen. Beratung von Führungsteams in der Strategieentwicklung, Coachings und Führungskräfteentwicklung.

Durchführung von Weiterbildungen im Bereich Gamification. Entwicklung von kundenspezifischen Spielen für die Einführung von neuen Mitarbeitenden, für Schulungen und Workshops. Einsatz von Spielmechanismen in Dienstleistungsprojekten und in der Weiterbildung. Umsetzung eines Development Game Centers. Aufbau eines Produktionsbetriebs für Luxusgüter für den arabischen Raum. Seit 2012 am IAP Institut für Angewandte Psychologie als Berater und Dozent tätig.

Streuli, Elisa
Dr. phil. Elisa Streuli, Soziologin, arbeitet am Institut für Angewandte Psychologie in der Führungsweiterbildung. Ihre Schwerpunkte sind Konfliktmanagement, Mediation, Verhandlungstraining und Führungscoachings.

Sie ist Autorin des Buches „Mit Biss und Bravour – Lebenswege von Topmanagerinnen", erschienen 2007 im Orell Füssli Verlag Zürich.

Über das IAP Institut für Angewandte Psychologie

Das IAP ist das führende Beratungs- und Weiterbildungsinstitut für Angewandte Psychologie in der Schweiz. Seit 1923 entwickelt das IAP auf der Basis wissenschaftlich fundierter Psychologie konkrete Lösungen für die Herausforderungen in der Praxis.

Das IAP bietet Weiterbildungskurse für Fach- und Führungskräfte aus Privatwirtschaft, Organisationen der öffentlichen Hand, sozialen Institutionen sowie für psychologinnen und Psychologen. Das Lehrkonzept vermittelt Fach-, Methoden-, Sozial- und Persönlichkeitskompetenz.

Für Unternehmen werden maßgeschneiderte Weiterbildungsprogramme und Beratungsleistungen angeboten. Das Beratungsangebot umfasst Leadership, Coaching und Change Management, Human Resources, Development und Assessment, Verkehrs- und Sicherheitspsychologie, Berufs-, Studien- und Laufbahnberatung, Klinische Psychologie und Psychotherapie. Das IAP ist ein Hochschulinstitut der ZHAW Zürcher Hochschule für Angewandte Wissenschaften.

Inhaltsverzeichnis

1	**Einleitung**	1
	Christoph Negri	
1.1	Unternehmertum und insbesondere Familienunternehmen in der Schweiz und in Deutschland	2
1.2	Buchübersicht und Strukturierung	2
	Literatur	4
2	**IAP Impuls 2017 – Psychologie des Unternehmertums**	5
	Ladina Schmidt Boner	
2.1	Unternehmensnachfolge in Familienunternehmen	6
2.2	Best Practice: Familieninterne Nachfolgeregelung bei JOMA Trading AG, Aadorf	10
2.3	Best Practice: Familienexterne Nachfolgeregelung bei MELCOM AG, Wallisellen	13
	Literatur	16
3	**Unternehmertum leben und beleben: Wie es gelingt Übergaben und Übergänge in Unternehmen gut zu gestalten**	17
	Christoph Zweifel und Ellen Gundrum	
3.1	Interview	18
	Literatur	22
4	**Die Psychologie des Familienunternehmens am Beispiel von SCHULER St. JakobsKellerei**	23
	Rafael Huber und Elisa Streuli	
4.1	Einleitung	24
4.2	Von der Familie zum Unternehmen und zurück	24
4.3	Die Firma SCHULER St. JakobsKellerei aus Seewen	25
4.4	Die Psychologie des Familienunternehmens am Beispiel von SCHULER St. JakobsKellerei	25
4.5	Die Bedeutung verkäuferischer Fähigkeiten für den finanziellen Erfolg	29
4.6	Die Rolle von Optimismus und Selbstwirksamkeit	29
4.7	Die Risikoorientierung	30
4.8	Das Verhältnis von analytischen und intuitiven („Bauch"-)Entscheidungen	30
4.9	Persönlichkeitsmerkmale: Neurotizismus, Extraversion, Offenheit, Gewissenhaftigkeit, Verträglichkeit	30
4.10	Die Ausprägung von Konfliktbereitschaft	31
4.11	Nonkonformismus, bzw. die Bereitschaft „gegen den Strom" zu schwimmen	31
4.12	Der Umgang mit Krisen und Rückschlägen	32
4.13	Schlussfolgerungen	32
4.14	Interviewporträt Jakob und Samuel Schuler	32
	Literatur	35

5 Der Erfolg kommt nicht von allein – Im Gespräch mit Unternehmerinnen und Unternehmern ... 37
Elisa Streuli
5.1 Die Menschen hinter den Unternehmen ... 38
5.2 Gemeinsamkeiten – was auffällt ... 51
Literatur ... 52

6 Durch Selbstorganisation Freiräume gewinnen ... 53
Thomas Klink
6.1 Ausgangslage und Zielsetzung ... 54
6.2 Auftragsklärung ... 54
6.3 Projektstart ... 56
6.4 Begleitung der Referenzteams ... 57
6.5 Team 2: Change-Team ... 59
6.6 Förderung von Selbstorganisation als Investition in die Zukunft ... 60
6.7 Prozessauswertung mit der Geschäftsleitung: Der Morgenspaziergang ... 61
6.8 Entwicklung von Unternehmertum ... 62
Literatur ... 62

7 Persönlichkeitsunterschiede von Manager/innen und Unternehmer/innen ... 63
Marc Schreiber und Diana Rolny
7.1 Einleitung ... 64
7.2 Theorie ... 64
7.3 Fragestellung und Stichprobe ... 68
7.4 Ergebnisse ... 69
7.5 Diskussion und Konklusion ... 71
Literatur ... 74

8 Das Dinosaurierprinzip ... 77
Andreia R. S. Fernandes
8.1 Einleitung ... 78
8.2 Warum Dinosaurier? ... 78
8.3 Das Dinosaurierprinzip ... 79
8.4 Phase 1: Das „U" ... 79
8.5 Phase 2: Der erste Höhepunkt – es kann nur noch bergab gehen? ... 83
8.6 Phase 3: Der Kopf des Dinosauriers – Das Mindset des kontinuierlichen Wachstums ... 88
Literatur ... 90

9 Führungskompetenz – worauf es wirklich ankommt ... 93
Simon Carl Hardegger, Patrick Boss und Roberto Siano
9.1 Modell zur Beschreibung des Führungsverhaltens ... 94
9.2 Gründerpersönlichkeiten ... 96
9.3 Führungsverständnis von Start-up-Gründern bzw. CEOs ... 97
9.4 Start-up-Gründer bzw. CEO: Was führt zum Erfolg? ... 107
Literatur ... 108

Serviceteil ... 111
Stichwortverzeichnis ... 113

Mitarbeiterverzeichnis

Ladina Schmidt Boner
ZHAW Zürcher Hochschule für Angewandte Wissenschaften
IAP Institut für Angewandte Psychologie
Zürich, Schweiz
ladina.schmidt@zhaw.ch

Patrick Boss
ZHAW Zürcher Hochschule für Angewandte Wissenschaften
IAP Institut für Angewandte Psychologie
Zürich, Schweiz
bosp@zhaw.ch

Andreia R.S. Fernandes
SEABRAND International GmbH
Cham, Schweiz
afernandes@seabrand.ch

Ellen Gundrum
ZHAW Zürcher Hochschule für Angewandte Wissenschaften
IAP Institut für Angewandte Psychologie
Zürich, Schweiz
ellen.gundrum@zhaw.ch

Simon Carl Hardegger
ZHAW Zürcher Hochschule für Angewandte Wissenschaften
IAP Institut für Angewandte Psychologie
Zürich, Schweiz
simon.hardegger@zhaw.ch

Rafael Huber
ZHAW Zürcher Hochschule für Angewandte Wissenschaften
IAP Institut für Angewandte Psychologie
Zürich, Schweiz
rafael.huber@zhaw.ch

Thomas Klink
ZHAW Zürcher Hochschule für Angewandte Wissenschaften
IAP Institut für Angewandte Psychologie
Zürich, Schweiz
thomas.klink@zhaw.ch

Christoph Negri
ZHAW Zürcher Hochschule für Angewandte Wissenschaften
IAP Institut für Angewandte Psychologie
Zürich, Schweiz
christoph.negri@zhaw.ch

Diana Rolny
Jona, Schweiz

Marc Schreiber
ZHAW Zürcher Hochschule für Angewandte Wissenschaften
IAP Institut für Angewandte Psychologie
Zürich, Schweiz
marc.schreiber@zhaw.ch

Roberto Siano
ZHAW Zürcher Hochschule für Angewandte Wissenschaften
IAP Institut für Angewandte Psychologie
Zürich, Schweiz
siao@zhaw.ch

Elisa Streuli
ZHAW Zürcher Hochschule für Angewandte Wissenschaften
IAP Institut für Angewandte Psychologie
Zürich, Schweiz
elisa.streuli@zhaw.ch

Christoph Zweifel
Zweifel Pomy-Chips AG
Zürich, Schweiz

Einleitung

Christoph Negri

1.1 Unternehmertum und insbesondere Familienunternehmen in der Schweiz und in Deutschland – 2

1.2 Buchübersicht und Strukturierung – 2

Literatur – 4

© Springer-Verlag GmbH Deutschland 2018
C. Negri (Hrsg.), *Psychologie des Unternehmertums*, Der Mensch im Unternehmen: Impulse für Fach- und Führungskräfte, https://doi.org/10.1007/978-3-662-56021-1_1

1.1 Unternehmertum und insbesondere Familienunternehmen in der Schweiz und in Deutschland

Die Schweiz ist ein KMU-Land, ein Land mit vielen Familienunternehmen. Diese bilden das Herz unserer Wirtschaft. Etwa vier von fünf der über 300 000 Unternehmen in der Schweiz sind Familienbetriebe (NZZ, 16.03.2016). Diese Unternehmen beschäftigen zusammen mehr als zwei Drittel aller Arbeitnehmerinnen und Arbeitnehmer und generieren über 60% der volkswirtschaftlichen Wertschöpfung. Eine erfolgreiche Nachfolgeplanung hat damit nicht nur für die einzelnen Unternehmen, sondern für die gesamte Volkswirtschaft eine hohe Bedeutung. Die deutsche Volkswirtschaft steht vor der gleichen Herausforderung wie in der Schweiz. 90% von ungefähr 2,8 Millionen deutschen Unternehmen sind Familienunternehmen. In diesen Familienunternehmen sind je mindestens zwei Drittel der Erwerbstätigen beschäftigt und werden mindestens 60% der volkswirtschaftlichen Wertschöpfung erarbeitet. Die Frankfurter Allgemeine titelt zudem am 26.11.2015, „Warum so viele Betriebe keinen Nachfolger finden", und erwähnt dabei, dass mehr als 100 000 Familienunternehmen bald eine neue Chefin oder einen neuen Chef brauchen (FAZ, 26.11.2015). Im selben Artikel wird erwähnt, dass in der Zeitspanne zwischen 2014 und 2018 bei rund 135 000 Familienunternehmen in Deutschland die Nachfolge geregelt werden muss. In der Schweiz sieht es ähnlich aus, so wollen über ein Fünftel der Schweizer KMU in den Jahren 2016–2021 das Eigentum übergeben. Das betrifft über 450 000 Arbeitsplätze (NZZ, 16.03.2016). Eine Studie der Credit Suisse (2016) beschreibt, dass bis 2021 schätzungsweise 70 000–80 000 Betriebe in der Schweiz vor einem Generationswechsel stehen.

Die Betrachtung weiterer Fakten zeigt, dass 35% aller Familienunternehmen den Sprung in die zweite Generation nicht schaffen. Die FAZ erwähnt im Artikel vom 26.11.2015 eine Studie, die davon ausgeht, dass eine Weitergabe des Unternehmens bis in die dritte Generation nur 12% schaffen und sogar nur noch 1% schafft die Weitergabe bis in die fünfte Generation. Es gibt natürlich auch andere Bespiele wie die bekannte Schweizer Weinkellerei Schuler Weine in Schwyz, die jetzt schon sehr erfolgreich von der elften Generation geführt wird (► Kap. 4). Die Öffentlichkeit wird in der Regel bei gescheiterten Nachfolgen in Familienunternehmen aufmerksam, wie z. B. bei der bekannten Brauerei Gaffel aus Köln (FAZ, 26.11.2015). Häufig ist es ein Wunsch der Inhaber, dass das Unternehmen in der Familie bleibt. Dies scheitert eben, wie erwähnt, immer wieder. Woran kann es denn liegen? Die Gründe für das Scheitern einer familieninternen Nachfolge sind vielfältig. Neben den betriebswirtschaftlichen Faktoren wie einer ungünstigen Strategie oder ineffizienten Prozessen und rechtlichen sowie steuerlichen Belangen sind v. a. psychologische Faktoren sehr wichtige und auch häufige Stolpersteine und Ursachen (► Kap. 2). Genau diese psychologische Perspektive wird im vorliegenden Buch in den Mittelpunkt gerückt.

Auch wenn die große Mehrzahl der Unternehmen in Deutschland und in der Schweiz in Familienbesitz ist und die Wirtschaft in diesen beiden Ländern stark prägt, geht es beim Thema Unternehmertum überhaupt nicht nur um Nachfolgeregelungen und Familienunternehmen. Die Thematik ist vielfältiger und auch in Großunternehmen kann Unternehmertum gelebt und entwickelt werden. Weitere aktuelle interessante Perspektiven beziehen sich auf Fragen in Bezug auf Start-up-Persönlichkeiten sowie Unterschiede zwischen Manager/innen und Unternehmer/innen etc. Das vorliegende Buch will mit den unterschiedlichen Beiträgen genau diese Vielfalt der Thematik und die psychologische Sichtweise auf das Thema aufnehmen.

1.2 Buchübersicht und Strukturierung

Das Buch bietet die Gelegenheit, sich mit aktuellen und konkreten Fragestellungen aus der Praxis und anwendungsorientierter Forschung zu Unternehmertum und Nachfolgeplanung in Familienunternehmen auseinanderzusetzen. Erfahrungen und Wissen aus der Praxis werden in konkreten Fallstudien beschreiben, evaluiert und reflektiert und die daraus gewonnen Erkenntnisse fließen zurück in andere Anwendungsfelder und bilden die Grundlage für die Weiterentwicklung von Theorien. Der Kreis schließt sich dadurch, dass Theorien und Erkenntnisse aus der Forschung für die Anwendung in der Praxis strukturiert und weiterentwickelt werden. Diese Haltung und Vorgehensweise prägt die Vision und Mission des IAP: Unsere Vision ist es, führend in der Verbindung von wirksamer psychologischer Praxis und Innovation zu sein. Zudem verfolgen wir die folgende Mission: Wir transferieren psychologisches Wissen in die Praxis. Damit machen wir Psychologie für den individuellen Lebens- und Berufsalltag sowie für Organisationen nutzbar und wir reflektieren und bearbeiten Erfahrungen und Fragestellungen aus der Praxis mit wissenschaftlichen Methoden und entwickeln so die Angewandte Psychologie weiter. Genau aus diesen Gründen ist es für uns so wichtig und toll, in Zusammenarbeit mit dem Springer-Verlag solche angewandt praxisorientierten und auch vielfältigen kleinen Bücher herauszugeben und einen Beitrag für die Praxis wie auch für die angewandte Wissenschaft zu leisten. Herausgeber und Autorenschaft haben sich zum Ziel gesetzt, ein auf aktuelle Fragestellungen und Themen ausgerichtetes Buch mit vielfältigen Fallstudien, eher theoretischen Perspektiven zu einem ausgewählten Bereich des Themas „Unternehmertum" und Beiträgen aus der angewandten und praxisnahen Forschung zusammenzustellen. Die Autorinnen und Autoren bringen alle ein großes Erfahrungs- und Praxiswissen mit, das über viele Jahre hinweg im Rahmen von Weiterbildungsangeboten und Beratungsmandaten am Hochschulinstitut IAP Institut für Angewandte Psychologie in Zürich gesammelt und weiterentwickelt wurde. Die vielfältigen Hintergründe und Themenschwerpunkte der Autorinnen und Autoren führen dazu, dass Unternehmertum aus verschiedenen Perspektiven beleuchtet wird und theoriegeleitete Ausführungen und praxisnahe Darstellungen in das Buch einfließen. Das Buch mit seinen neun Kapiteln zeichnet sich durch die Breite der thematischen Betrachtung des Themas Unternehmertum aus sowie durch die unterschiedliche Herangehensweise von Fallstudien zu Interviews, eher theoretischen Aufbereitungen bis hin zu Forschungsergebnissen zu Persönlichkeitsmerkmalen der Unternehmerin bzw. des Unternehmers.

Das Einleitungskapitel von Ladina Schmidt Borner (▶ Kap. 2) nimmt Bezug auf die zwei Welten (die Familie und das Unternehmen), die in Familienunternehmen aufeinander treffen. Diese Gleichzeitigkeit familiärer und unternehmerischer Regeln macht die Interaktion in Phasen von Veränderungen konfliktanfällig, so auch bei der Unternehmensnachfolge. Was es für einen Nachfolgeprozess braucht, zeigt dieser Beitrag. Ergänzt werden diese theoretischen Ausführungen durch zwei eindrückliche Beispiele, die eine externe und eine interne Nachfolgeregelung beschreiben. Beide Beispiele zeigen, wie eine gelungene Nachfolge gestaltet werden kann.

Im Interview von Ellen Gundrum mit Dr. Christoph Zweifel (▶ Kap. 3) von dem bekannten Schweizer Familienunternehmen Zweifel Pomy-Chips werden hilfreiche Impulse für die Gestaltung des Nachfolgeprozesses gegeben. Christoph Zweifel kann aus drei Perspektiven über seine Erlebnisse und Erfahrungen berichten, nämlich als Sohn, als Verwaltungsrat und als Marketing-Direktor. Er benennt dabei erfolgskritische Faktoren aus seiner Sicht für eine gelungene Gestaltung von Übergängen in Familienunternehmen.

Das Fallbeispiel des Familienunternehmens Schuler Weine beschreibt aus der Sichtweise von Jakob und Samuel Schuler (10. und 11. Generation), wie es möglich ist, ein Familienunternehmen auch in der 11. Generation weiterhin erfolgreich zu führen. Ergänzt werden die Beschreibungen durch Erkenntnisse aus der Dissertation von R. Zitelmann an der Universität Potsdam und prägnanten Aussagen aus den Interviews mit Jakob und Samuel

Schuler. Der Artikel wurde von Rafael Huber verfasst, die Interviews wurden von Elisa Streuli durchgeführt (▶ Kap. 4).

Sechs Beispiele von Kleinstunternehmen sollen exemplarisch zeigen, was es bedeutet, eine Unternehmerin oder ein Unternehmer zu sein. Die Autorin Elisa Streuli hat mit sechs ganz unterschiedlichen Persönlichkeiten gesprochen und daraus sind spannende Porträts entstanden, die die Motivationen, persönlichen Geschichten, Herausforderungen etc. beschreiben. Trotz vieler Unterschiede gibt es letztendlich doch einige Gemeinsamkeiten. So scheint das Herzblut, die intrinsische Motivation, etwas Sinnvolles und Wichtiges zu tun, ein verbindendes Element zu sein. Weitere Gemeinsamkeiten und natürlich auch Unterschiede können Sie im ▶ Kap. 5 lesen.

Im Beitrag von Thomas Klink (▶ Kap. 6) wird eine andere interessante Perspektive zu Unternehmertum aufgenommen. Der Autor beschreibt ein Fallbeispiel aus der Finanzbranche, bei dem durch vermehrte Selbstorganisation in den Arbeitsteams die Verantwortung der einzelnen Mitarbeitenden gefördert werden soll und damit vermehrt unternehmerisch gehandelt werden kann. Er beschreibt und reflektiert den Entwicklungsprozess aus der Beraterperspektive, leitet daraus fünf Beratungsprinzipien ab und stellt am Schluss des Beitrages den Bezug zu Unternehmertun her.

Wo liegen die Unterschiede von Unternehmer/innen und Manager/innen, gibt es überhaupt solche? Diese Fragen beantworten Marc Schreiber und Diana S. J. Rolny im ▶ Kap. 7. Es werden mithilfe von zwei Fragebögen Persönlichkeitsunterschiede zwischen Manager/innen und Unternehmer/innen untersucht und beschrieben und daraus abgeleitet relevante Erkenntnisse für die Praxis abgeleitet. Dieses Kapitel zeigt gleichzeitig auch, wie hilfreich Ergebnisse aus der angewandten Forschung für Fragestellungen in der Praxis sind.

Andreia Fernandes beschreibt im ▶ Kap. 8 das von ihr entwickelte Dinosaurierprinzip. Ihre These dabei ist, dass Scheitern dazugehört. Die Autorin schreibt über die Bedeutung von Hochs und Tiefs im Verlauf eines Projekts und in der Rolle als Unternehmerin bzw. Unternehmer. Tiefs gehören dazu und nach einem absoluten Tiefpunkt geht es immer aufwärts. Das Durchschreiten dieser Auf und Abs wird mit der Metapher des Dinosauriers beschrieben. Am Schluss des Artikels werden relevante Learnings zusammengefasst.

▶ Kap. 9 von Patrick Boss, Simon Hardegger und Roberto Siano beschreiben das von ihnen auf empirischer Grundlage entwickelte umfassende Führungskompetenzmodell mit fünf grundlegenden Bereichen. Mit einer qualitativen Befragung von sechs Start-up-Unternehmen auf der Basis des Führungskompetenzmodells wird der Frage nachgegangen, welche Eigenschaften sie als relevant für erfolgreiche Start-up-Gründerinnen und -Gründer einschätzen. Die Ergebnisse werden im vorliegenden ▶ Kap. 9 beschrieben und diskutiert.

Literatur

NZZ (16.03.2016). Emotionale Dynamik präventiv mit einbeziehen. *Neue Zürcher Zeitung*, Felix Helg und Benjamin Künzli, https://www.nzz.ch/meinung/nachfolge-in-familienunternehmen-emotionale-dynamik-praeventiv-mit-einbeziehen-ld.7998. Zugegriffen: 10.10.2017

CS-Studie (2016). *Unternehmensnachfolge in der Praxis - Herausforderung Generationenwechsel*. Studie der Credit Suisse gemeinsam mit dem CFB-HSG, Juni 2016, https://kmu.unisg.ch/de/kmu-news/news-institut/2016-03-cs-nachfolge-studie. Zugegriffen: 10.10.2017

FAZ (26.11.2015). Warum so viele Betriebe kein Nachfolger finden. *Frankfurter Allgemeine Zeitung*, Carsten Knop, http://www.faz.net/aktuell/beruf-chance/beruf/familienunternehmen-warum-so-viele-betriebe-keinen-nachfolger-finden-13928007.html. Zugegriffen: 10.10.2017

IAP Impuls 2017 – Psychologie des Unternehmertums

Ladina Schmidt Boner

2.1 Unternehmensnachfolge in Familienunternehmen – 6

2.2 Best Practice: Familieninterne Nachfolgeregelung bei JOMA Trading AG, Aadorf – 10

2.3 Best Practice: Familienexterne Nachfolgeregelung bei MELCOM AG, Wallisellen – 13

Literatur – 16

© Springer-Verlag GmbH Deutschland 2018
C. Negri (Hrsg.), *Psychologie des Unternehmertums*, Der Mensch im Unternehmen: Impulse für Fach- und Führungskräfte, https://doi.org/10.1007/978-3-662-56021-1_2

2.1 Unternehmensnachfolge in Familienunternehmen

In Familienunternehmen treffen zwei Welten aufeinander: die Familie und das Unternehmen. Die Gleichzeitigkeit familiärer und unternehmerischer Regeln wirkt auf die Familiendynamik, die wiederum Einfluss auf die Dynamik des Unternehmens haben kann. Familiäre Beziehungen mit ihren vielfältigen Verletzlichkeiten bieten ein gewisses Konfliktpotenzial, das jederzeit auf das Unternehmen überschwappen kann. Gerade Phasen von Veränderungen machen die Interaktionen konfliktanfällig – so auch bei der Unternehmensnachfolge. Für einen erfolgreichen Nachfolgeprozess sind gemeinsame Grundsätze im Umgang miteinander zentral. Auch Klarheit über die jeweiligen Bedürfnisse und denkbare Szenarien im Nachfolgeprozess sind wichtige Grundlagen für ein erfolgreiches Gelingen. Dieser Beitrag zeigt, was es für einen erfolgreichen Nachfolgeprozess braucht. Illustriert wird er durch zwei Praxisbeispiele: eine familieninterne und eine familienexterne Nachfolgeregelung.

Über Jahrhunderte hinweg galt die Familie als ökonomische Institution. Sie war für die Mitglieder Arbeits- und Wohnort zugleich, definierte klare Verhaltensmuster, übte soziale Kontrolle aus und erbrachte wichtige gesellschaftliche Leistungen. Mitte des 19. Jahrhunderts war die Familie praktisch alleine zuständig für die Bereitstellung der Nahrung und des Wohnraumes, die Erziehung, die Krankenpflege, den Vermögensaufbau und -erhalt sowie die Altersvorsorge. Im Laufe der Zeit wurden viele dieser Aufgaben zu großen Teilen an wirtschaftliche oder gesellschaftliche Institutionen delegiert. In der Folge entwickelten sich die Funktionen von Familie und Unternehmen immer stärker auseinander.

- **Wenn die Grenzen verschwimmen**

Seit Beginn des 21. Jahrhunderts können Familien und Unternehmen als zwei verschiedene soziale Systeme oder Welten betrachtet werden, in denen unterschiedliche Regeln gelten. Diese Regeln passen nicht immer zusammen und schließen sich teilweise sogar aus. In Familien stehen Personen, ihre Beziehungen, Emotionen, Bedürfnisse und langfristigen Entwicklungsprozesse im Vordergrund. Bei der Unternehmensführung hingegen stehen Aspekte wie formale Funktionserfüllung, Einhaltung von Arbeitsabläufen und Wirtschaftlichkeit im Vordergrund.

Im Familienunternehmen verschwimmen die Grenzen dieser beiden Welten. Es kommt häufig zu einer Vermischung der Rollen und Verantwortlichkeiten. Familiäre und unternehmerische Regeln kommen gleichzeitig ins Spiel und die personelle Identität von Familienmitgliedern und Mitarbeitenden deckt sich. Dies ist für alle Beteiligten sehr anspruchsvoll und macht die Kommunikation und Entscheidungsfindung häufig konfliktanfälliger.

- **Zwischen Dankbarkeit und Vorwurf**

Die enge Kopplung wirkt auf die Familiendynamik, die wiederum Einfluss auf die Dynamik des Unternehmens nehmen kann:

- **Konkurrenz- und Schuldgefühle**

Kinder in Unternehmerfamilien erleben das Unternehmen oft als Konkurrenz bzgl. der elterlichen Liebe und Aufmerksamkeit. Dies führt häufig zu einer ambivalenten Beziehung gegenüber dem Unternehmen. Entweder distanzieren sich die Kinder oder sie bemühen sich umso mehr um eine Tätigkeit innerhalb der Firma, um Anerkennung, Beachtung und eine tragende Rolle in der Familie zu finden.

Eltern ihrerseits haben manchmal das Gefühl, ihren Kindern nicht genügend Zeit widmen zu können, und reagieren mit offenen oder verdecken Schuldgefühlen. Als mögliche Folge „entschädigen" Eltern ihre Kinder dann materiell und deklarieren ihr berufliches Engagement als Zeichen des Familiensinns, im Sinne von „wir tun das alles nur für unsere Kinder". Dies bringt die Kinder wiederum in eine Zwickmühle und lässt sie zwischen Dankbarkeit und Vorwurfshaltung schwanken.

- **Doppelbindungssituation**

Unternehmerpersönlichkeiten der abgebenden Generation zeichnen sich gemäß Studien häufig durch Streben nach Unabhängigkeit und Macht, Lust am Gestalten und Entscheiden sowie einen patriarchalen Führungsstil aus. Sie erwarten von ihren Kindern einerseits Unterordnung und Bewunderung, andererseits sehen sie sich selbst als „Erfolgsmodell" und wünschen sich, dass ihre Kinder ihnen und ihrem Stil nachfolgen.

Dies bringt die Kinder in die sog. Doppelbindungssituation: Unterwerfen sie sich, übernehmen sie eine schwache Position und verlieren Respekt und Glaubwürdigkeit. Entwickeln sie sich zu eigenständigen Unternehmerpersönlichkeiten, werden sie zu Konkurrenten, die das Bestehende verändern könnten. Konflikte sind im bestehenden Gefüge somit vorprogrammiert.

- **In elterlicher Delegation**

In Unternehmerfamilien stehen der Wunsch und die Hoffnung, dass das Geschäft von der nächsten Generation weitergeführt wird, fast immer explizit oder implizit im Raum. Während der gesamten Entwicklung haben die Kinder miterlebt, wie sinnstiftend das Unternehmen für die Familie und v. a. für ihre Eltern ist. Mit ihrer Berufswahl werden sie gezwungen, über den Fortbestand des Familienunternehmens und damit des ganzen Lebenssinnes ihrer Eltern zu entscheiden. Dieses Dilemma kann zu einer Parentifizierung der Kinder führen, das heißt, die Kinder fällen ihre eigenen Lebensentscheidungen aus Motiven, die für ihre Eltern wichtig sind, quasi in elterlicher Delegation. Das muss natürlich nicht immer zwingend so sein. Doch braucht die Abgrenzung gegenüber den Erwartungen und Hoffnungen der Eltern einen besonderen psychischen Aufwand, was eine eigenständige Identitätsentwicklung umso nötiger macht (Tab. 2.1).

- **Voraussetzungen für den Erfolg**

Trotz Veränderungen in der Wirtschaft und Gesellschaft und der tendenziell sinkenden familieninternen Nachfolgeregelungen werden Familienunternehmen weiterhin das Bild der Schweizer KMU-Landschaft (KMU: kleine und mittlere Unternehmen) prägen. Was Familienunternehmen auch in Zukunft zu attraktiven Arbeitgebern und gefragten

Tab. 2.1 Zentrale Unterschiede der zwei Welten „Familie" und „Unternehmen"

	Familie	Unternehmen
Beziehungen	Nicht kündbar, aufgrund biologischer Gegebenheiten bzw. Liebe konstant, Funktionen austauschbar, Loyalitätsverpflichtungen	Kündbar, Funktionen vertraglich geregelt, abhängig von fachlicher Qualifikation und Arbeitsleistung
Währung	Liebe	Geld
Gerechtigkeit	Gleichbehandlung, abgestimmt auf Stärken und Schwächen der Einzelnen	Vertraglich festgelegt, in der Regel Belohnung der Leistungsfähigsten
Überlebensbedingungen	Emotionaler Zusammenhalt	Ökonomische Rentabilität
Entscheidungsfindung	Nach dem Gerechtigkeitsprinzip der Gleichbehandlung, Status als Familienmitglied ist ausschlaggebend	Aufgabenorientiert, Funktionalität ist ausschlaggebend
Kommunikation	Personenorientiert, informell, mündlich, teilweise unverbindlich	Aufgabenorientiert, formaler Rahmen, schriftlich bzw. mündliche Abmachungen werden festgehalten

Geschäftspartnern macht, sind ihr langfristiger Fokus, die starke Qualitätsorientierung, die mitarbeiterfreundliche Unternehmenskultur sowie die Bedeutung nachhaltiger Geschäftsführung.

Familiäre Beziehungen mit ihren vielfältigen Verletzlichkeiten bieten jedoch ein erhebliches Konfliktpotenzial, das jederzeit auf das Unternehmen überschwappen und es im Fortbestand bedrohen kann. Damit dies möglichst nicht passiert, sollten bestimmte Grundsätze im Zusammenspiel von Familie und Unternehmen berücksichtigt werden. Dazu gehören u. a.:

- **Konfliktfähigkeit und Zusammenhalt fördern**
Die Basis für einen guten Zusammenhalt der Familie hat mit Grundhaltungen zu tun, die durch die familiäre Erziehung und Sozialisation vermittelt werden. Werte wie Geborgenheit, Vertrauen, Verständnis, Respekt, Verlässlichkeit und eine offene Kommunikation schaffen ideale Voraussetzungen für tragfähige Beziehungen. Werden zudem verantwortungsvolle, autonome Persönlichkeiten gefördert, bestehen gute Chancen, dass Konflikte frühzeitig angesprochen werden und die Betroffenen gemeinsam nach Lösungen suchen können.

- **Transparenz**
Mit zunehmender Komplexität der familiären Strukturen und unterschiedlicher Beteiligung der Eigentümerinnen bzw. Eigentümer an der Unternehmensführung kommt es häufiger zu Argwohn und Gefühlen einer ungleichen, unfairen Behandlung oder Benachteiligung. Die geschäftsführenden Eigentümerinnen und Eigentümer reagieren darauf am effizientesten mit transparenter Information und Offenlegen der Verhältnisse.

- **Trennung von familiären und unternehmerischen Interessen**
Erfolgreiche Familienunternehmen realisieren möglichst klar die strikte Trennung von Familie und Unternehmen. Sie ordnen Individualinteressen einzelner Familienmitglieder den Unternehmensinteressen unter. Besondere Beachtung gilt dabei v. a. den Entscheidungen, die direkt mit der Geschäftsführung, z. B. bei der Nachfolgeregelung, zu tun haben.

Das Engagement von Familienmitgliedern zahlt sich für das Unternehmen nur aus, wenn sie mindestens so qualifiziert sind wie die familienfremden Personen, die infrage kommen.

Aufgrund der familiären Beziehungen und ihres Verständnisses von Gerechtigkeit ist dies je nach Situation sehr schwierig umzusetzen. Es ist jedoch nicht hilfreich, wenn ein unqualifiziertes, ungeeignetes Familienmitglied in einer Position überfordert ist und damit das Unternehmen Gefahr läuft, Schaden zu nehmen.

- **Klare Kompetenz- und Verantwortungsbereiche**
Klare Strukturen schaffen Transparenz, ermöglichen die Delegation von Verantwortung, vermitteln Sicherheit und erlauben Kontrolle. Insbesondere bei der Mitarbeit mehrerer Familienmitglieder im Unternehmen sind Rollenklärung und Rollenzuteilung sowie deren Respektierung wichtige Voraussetzungen für eine erfolgreiche Zusammenarbeit.

Aufgrund der Komplexität und der verschiedenen sich wechselseitig beeinflussenden Faktoren ist es trotz bester Absichten aller Beteiligten nicht einfach, solche Grundsätze durchgehend umzusetzen. Wichtig ist, sie sich immer wieder bewusst zu machen und möglichst danach zu handeln.

In Veränderungsprozessen wie der Nachfolgeregelung ist es zentral, alle Beteiligten frühzeitig einzubeziehen, miteinander im Gespräch zu sein sowie die verschiedenen Interessen und Standpunkte zu klären. Erfahrungsgemäß braucht ein solcher Prozess viel Zeit und es gibt in der Regel nicht die eine richtige Lösung. Es ist bereits viel gewonnen, wenn es den Beteiligten gelingt, offen über neue Wege zu reden, in verschiedenen Szenarien zu denken. Erwartungen und Wünsche sollen transparent gemacht, unterschiedliche Ziele sowie Sichtweisen akzeptiert werden. Denn

IAP Impuls 2017 – Psychologie des Unternehmertums

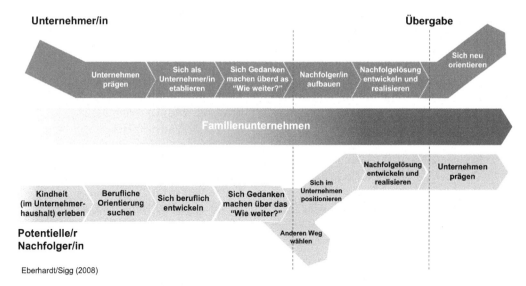

Eberhardt/Sigg (2008)

Abb. 2.1 Entscheidungsprozess in der Unternehmensnachfolge

nur gemeinsam können nachhaltige Lösungen gefunden werden, die der Familie und dem Unternehmen langfristig dienen (Abb. 2.1).

Grundsätze für eine erfolgreiche Nachfolgeregelung

- Aktive Pflege des Zusammenhalts;
- Ausgangslage frühzeitig klären;
- alle Beteiligten involvieren;
- transparente Kommunikation fördern;
- gegenseitige Erwartungen und Ziele offen aussprechen;
- unterschiedliche Werthaltungen erkennen und akzeptieren;
- professionelle Abklärung des Anforderungsprofils und der Eignung des Nachfolgers bzw. der Nachfolgerin;
- Nachfolgeplan mit klar terminierten Entscheidungsschritten erstellen;
- verbindliche Spielregeln für die Zusammenarbeit in der Übergangsphase definieren;
- klare Kompetenz- und Verantwortlichkeitsbereiche definieren;
- es gibt nicht die Lösung – in Szenarien denken!

Aufgaben des übergebenden Unternehmers bzw. der übergebenden Unternehmerin

- Kinder in ihrer eigenständigen Entwicklung fördern;
- frühzeitiges Thematisieren der Nachfolgeregelung;
- Anforderungs- und Kompetenzprofil für die Unternehmensführung klar definieren;
- Aufbau und Förderung des gewünschten Nachfolgers oder der gewünschten Nachfolgerin;
- Alternativen prüfen (auch externe) und verschiedene Szenarien entwickeln;
- Mentoring-Programm konzipieren.

Aufgaben des Nachfolgers bzw. der Nachfolgerin in der Familie

- Berufswahl: persönliche Möglichkeiten, Interessen und Neigungen ehrlich prüfen;
- Unabhängigkeit und Eigenständigkeit entwickeln;
- Selbst- und Sozialkompetenz fördern;

- externe Qualifikationen und Erfahrungen sammeln;
- Nachfolgeregelung (falls nötig) von sich aus frühzeitig ansprechen.

✅ **Auf den Punkt gebracht**
- Erfolgreiche Nachfolgeprozesse brauchen Zeit.
- Unternehmerische Interessen haben Vorrang.
- Es ist elementar, offen miteinander zu reden.
- Verschiedene Sichtweisen müssen akzeptiert werden.
- Es gibt nicht die einzig richtige Lösung: in Szenarien denken!

2.2 Best Practice: Familieninterne Nachfolgeregelung bei JOMA Trading AG, Aadorf

Unternehmensgeschichte
1978 wurde die JOMA Trading AG durch Josef Mäder in Winterthur gegründet.

1986 begann per Handschlag die enge Zusammenarbeit mit Leuwico, einer Büromöbelmanufaktur in Deutschland. Dadurch wurde JOMA Trading AG alleinig autorisierter Partner in der Schweiz und der Handel mit Büromöbeln zum Kerngeschäft. JOMA Trading AG ist heute spezialisiert auf Beratung, Planung und Umsetzung von Büroeinrichtungen von individuell ausgelegten Einzelarbeitsplätzen bis zur Kompletteinrichtung großer Verwaltungsgebäude. Sie beschäftigt heute 11 Personen und ist in Aadorf zu Hause.

2011 arbeitete Nadja Mäder zwischen zwei Anstellungen für ein paar Monate im Familienunternehmen.

2012 zogen Nadja Mäder und ihr Partner Till Sternik nach Aadorf.

2014 stieg Nadja Sternik-Mäder in die Firma ein, vorerst noch unverbindlich. Schritt für Schritt wurde sie durch ihren Vater in die verschiedenen Bereiche eingeführt. Sie klärten die Verantwortungsbereiche und teilten sie auf.

Seit 2015 arbeitet Tanja Mäder, die jüngere der zwei Töchter, in Teilzeit im Sekretariat. Sie übernahm die Stelle von Cecile Mäder; die Ehefrau von Josef Mäder leitete 2001–2015 das Sekretariat.

2016 stieg Till Sternik, Ehemann von Nadja Sternik-Mäder, ins Unternehmen ein.

2017 Josef Mäder ist nach wie vor Geschäftsführer und seine Tochter Stellvertreterin.

Ab 01.01.2018 wird Nadja Sternik-Mäder 100% der Aktien und zusammen mit ihrem Ehemann Till Sternik die Geschäftsführung der JOMA Trading AG übernehmen. Josef Mäder wird weiterhin in einem reduzierten Pensum sowie als Verwaltungsratspräsident für die JOMA AG tätig sein.

- **Wie alles begann**

Mit 27 Jahren entschied sich Josef Mäder, sich selbstständig zu machen, und gründete die JOMA Trading AG. Zuvor war er ein paar Jahre erfolgreich in einer internationalen Handelsfirma in Zürich tätig. Ein Drittel seiner Arbeitszeit war er auf Reisen und gewohnt, selbstständig seine Geschäfte abzuwickeln.

Josef Mäder kam 1978 zu dem Schluss, dass er zukünftig sein eigener Chef sein möchte, und machte sich auf die Suche nach einem Geschäftsmodell. Er besuchte Erfindermessen als Inspirationsquelle und versuchte sich in verschiedenen Geschäftsfeldern. Nach drei schwierigen Anfangsjahren konnte sich die Firma etablieren. 1986 kam es zum Kontakt mit Leuwico, einer Büromöbelfaktur in Deutschland, und eine enge Zusammenarbeit begann. JOMA Trading AG erhielt den Zuschlag, in der Schweiz als alleiniger Partner diese exklusiven, höhenverstellbaren Büromöbel zu vertreiben. Sie beschäftigt heute 11 Personen.

Als herausforderndste Momente der vergangenen 39 Jahre als Unternehmer beschreibt Josef Mäder einerseits die Jahre 2003/2004, als die Wirtschaft stotterte, er Kurzarbeit einführen und Verlust schreiben musste. Andererseits war auch das Jahr 2011 sehr schwierig, denn der Hauptlieferant Leuwico geriet in eine Krise und musste 2011 Insolvenz anmelden. Eine Auffangfirma übernahm Leuwico und die Firma konnte saniert und gerettet werden. In dieser Zeit hat Josef Mäder eine gute Portion Gelassenheit geholfen sowie die Tatsache, dass seine Firma finanziell gesund war, er auf Reserven zurückgreifen konnte und privat sowie geschäftlich von den Banken unabhängig war.

- **Die Familie des Unternehmers**

Nadja Sternik-Mäder erzählt, dass sie es als Kind immer toll fand, zusammen mit ihrer Schwester in den Geschäftsräumen zu spielen und sich zu verstecken. Sie genoss es sehr, dass ihr Vater jeden Mittag zum Essen da war und sie jederzeit vom Elternhaus aus in einer Minute bei ihm im Büro stehen konnte. Sie hat das Zusammenspiel sowie die örtliche Nähe des Elternhauses und des Geschäftes in bester Erinnerung und dies als Kind sehr positiv erlebt.

Die Mutter, Cecile Mäder, war für die Familie zuständig und hielt ihrem Mann den Rücken frei. Als die Kinder älter wurden, stieg sie ebenfalls ins Geschäft ein und übernahm die Leitung des Sekretariats. Das Geschäft war trotz des engen Zusammenspiels mit der Familie zu Hause nie groß ein Thema, außer eben im Jahr 2011, als sich Josef Mäder ernsthaft Sorgen um seine Firma machte.

Auch bei der Berufswahl hielt sich der Vater zurück und ließ seine beiden Töchter frei wählen. Nadja Sternik-Mäder entschied sich für die Hotelfachschule Lausanne und erklärte ihren Eltern, dass durch die Wahl dieses Studium auch gleich klar sei, dass sie die JOMA Trading AG nie übernehmen werde. Die Eltern nahmen es gelassen und ließen ihre Tochter ihren Weg gehen.

Die jüngere Tochter Tanja startete mit einer Lehre zur Detailhandelsangestellten für Sportartikel ins Berufsleben und bildete sich im Bereich Sport und Bewegung weiter. Sie schätzt es, nun im Familienunternehmen mitzuarbeiten und in der Administration ihren Beitrag zum Erfolg zu leisten. Weder eine Übernahme noch Beteiligung oder Mitglied der Geschäftsleitung waren für sie je ein Thema.

- **Nachfolgeprozess – ein fließender, natürlicher Prozess**

Josef Mäder setzt den Startpunkt des Nachfolgeprozesses mit dem Umzug seiner Tochter Nadja 2012 nach Aadorf gleich. So war sie vor Ort und er ist der Ansicht, dass dadurch für sie die Auseinandersetzung mit einer möglichen Nachfolge sowie der Entscheidungsprozess starten konnten.

Nadja Sternik-Mäder fand es hilfreich, dass sie vonseiten ihres Vaters nie Druck verspürte. Lachend findet sie, ihr Vater habe das clever gemacht, denn er habe immer betont, dass sie ihr Leben leben und für sich entscheiden müsse, was sie möchte. Er sagte ihr, wenn sie sich für JOMA Trading AG entscheide, so sei dies sicher sehr schön, wenn nicht, dann gebe es eine andere Lösung. Für Nadja Sternik-Mäder war es hilfreich, dass sie 2011 für ein paar Monate im Geschäft arbeiten, für sich eine Standortbestimmung machen und sich eine neue Stelle suchen konnte, ohne dass ihr Vater sie beeinflusst hätte. Zwei Jahre später war sie für sich so weit, dass sie mit Freude ins Familienunternehmen einsteigen konnte.

2014 stieg Nadja Sternik-Mäder ein und ließ sich von ihrem Vater in die verschiedenen Geschäftsbereiche einführen. Wichtig war für sie von Beginn an, Fachwissen aufzubauen, sich weiterzubilden und im Verkauf aktiv mitzuarbeiten.

2016 gab Josef Mäder die Verantwortung fürs Marketing an seine Tochter ab und ein Jahr später für das Personalwesen. Der Einstieg im Jahr 2016 ihres Ehemannes, Till Sternik, verantwortlich für Buchhaltung und Administration sowie Projekte, beschreibt Nadja Sternik-Mäder als große Entlastung. Es freut sie auch sehr, dass die Zusammenarbeit zwischen ihrem Vater und ihrem Ehemann so positiv läuft.

Gewisse Mitarbeiter müssen sich zwar noch an den neuen Führungsstil von Nadja Sternik-Mäder gewöhnen, denn ihr Tempo ist hoch und sie verlangt viel Eigenverantwortung, Eigeninitiative und Verbindlichkeit. Nadja Sternik-Mäder genießt dennoch viel Vertrauen und Goodwill von den mehrheitlich langjährigen Mitarbeitenden und ihre Kompetenz sowie ihre offene, kommunikative, herzliche Art kommen ihr dabei entgegen.

Für Josef Mäder ist es wertvoll, dass das Abgeben an seine Tochter ein Prozess über Monate und Jahre ist. Das große Vertrauen in sie und ihren Ehemann Till Sternik hilft ihm dabei und er ist zuversichtlich, dass er sich immer mehr zurückziehen kann.

Als Voraussetzung für die gute Zusammenarbeit der inzwischen vier Familienmitglieder nennen Vater wie Tochter die gleichen Punkte: viel Vertrauen, Akzeptanz, offene Kommunikation, jede und jeder ist im eigenen Bereich kompetent und wird dafür respektiert, klare Regelung der Verantwortungs- und Kompetenzbereiche, gegenseitige Loyalität und Unterstützung.

- **Herausforderungen**

Die Mitarbeit im Familienunternehmen macht Nadja Sternik-Mäder sehr viel Freude und wie ihr Vater sagt, hat sie der „Unternehmervirus" bereits erwischt. Auch der anstehenden Übernahme blickt Nadja Sternik sehr positiv entgegen. Gleichzeitig ist sie sich bewusst, dass es auch eine Herausforderung sein wird, alles unter einen Hut zu bekommen und eine gute Balance zwischen der Firma und der Familie zu finden; insbesondere, da sie seit zwei Jahren Mutter ist und auch diese Rolle mit viel Herz, Präsenz und Engagement wahrnehmen möchte.

Als weitere Herausforderung sieht sie ihr jugendliches Temperament, ihre vielen Ideen und Veränderungswünsche mit der zur Verfügung stehenden Zeit und den bestehenden Rahmenbedingungen in Einklang zu bringen.

Sie hat sich für die kommende Zeit vorgenommen, ihren Zielen und ihrem Führungsstil treu zu bleiben, doch pragmatisch Schritt für Schritt eines nach dem anderen anzupacken. Glücklicherweise hat sie dabei wertvolle Unterstützung durch ihren Ehemann. Die beiden scheinen sich bei ihren Zielen und nächsten Schritten sehr einig zu sein und unterstützen sich gegenseitig.

- **Blick in die Zukunft**

Nadja Sternik-Mäder wird zum 01.01.2018 100% der Aktien der JOMA Trading AG übernehmen und zusammen mit ihrem Ehemann Till Sternik die Geschäftsführung übernehmen.

Josef Mäder ist froh, dass er weiterhin gewisse Aufgaben für die JOMA Trading AG wahrnehmen kann. Er freut sich aber auch auf mehr Ferien und Wandern mit seiner Frau und mehr Zeit mit seiner Enkeltochter. Zudem denkt er, dass er sich eine neue Beschäftigung suchen möchte – dazu müsse er aber erst einmal mehr freie Zeit und Muße haben.

- ✅ **Lessons learned**
  - Trennung von geschäftlichen und privaten Themen,
  - vertrauensvolle Beziehungen innerhalb der Familie,
  - eigenständige Entwicklung der Kinder zulassen und unterstützen,
  - Freude am Unternehmertum,
  - in der Übergangszeit Trennung der Verantwortlichkeiten und Zuständigkeiten,
  - offene Kommunikation,
  - Unterschiede in der Führung anerkennen und akzeptieren,
  - gegenseitige loyale Unterstützung gegenüber Mitarbeitenden und Geschäftspartnern,
  - finanzielle Themen ansprechen und für alle Beteiligten in der Familie faire Lösungen finden.
  - Auch familieninterne Nachfolgeprozesse brauchen Zeit.

(Quelle: Interview mit Josef Mäder und Nadja Sternik-Mäder, 22.06.2017)

2.3 Best Practice: Familienexterne Nachfolgeregelung bei MELCOM AG, Wallisellen

Unternehmensgeschichte

Gegründet wurde die MELCOM AG 1997 durch Franz Moser, damals 50-jährig. Innerhalb weniger Jahre entwickelte sich das Einmannunternehmen zu einem sehr erfolgreichen, mittelgroßen Unternehmen mit heute knapp 180 Mitarbeitenden. Die MELCOM AG hat heute Standorte in Wallisellen und Langenthal.

Die MELCOM AG steht für maßgeschneiderte Elektro- und IT-Lösungen für Industrie- und Gewerbebauten, Banken und Versicherungen, Tankstellen, Krankenhäuser und Wohngebäude – von der Planung über die Installation bis zum Unterhalt. Die MELCOM AG ist auch Partnerin für alltägliche Strom- und EDV-Fragen für Privathaushalte.

2007 machte sich Franz Moser mit 60 Jahren erstmals Gedanken zu seiner Nachfolgeregelung. Er setzte sich mit verschiedenen Szenarien auseinander. Ihm war es sehr wichtig, dass die Firma mit ihrem Name bestehen bleibt, und ein externer Verkauf kam für ihn nicht infrage.

Von 2005 bis 2011 war seine Tochter Brigitte Moser für die MELCOM AG tätig. Als Kauffrau übernahm sie die Leitung der Administration und war zusätzlich verantwortlich für Marketing und Personalwesen. Dort lernte sie auch ihren heutigen Ehemann Silvan Hänggli kennen. Er war als Projektleiter im Bereich IT-Projekte tätig. 2012 verließ er die Firma, um in ein Großunternehmen im Bereich IT einzusteigen.

2008 setzte Franz Moser seinen langjährigen Mitarbeiter Stefan Eugster als Geschäftsführer ein. Zusammen waren sie in der Geschäftsleitung. Für das operative Geschäft war ab dem Zeitpunkt Stefan Eugster zuständig. Franz Moser konzentrierte sich auf Akquisition und Offerten.

2010 involvierte Franz Moser seine zwei Töchter Brigitte Hänggli und Barbara Moser sowie seinen Geschäftsführer Stefan Eugster. Der Geschäftsführer übernahm einen Anteil der Aktien und die Töchter übernahmen zusammen die Mehrheit. Alle drei bildeten zusammen mit Franz Moser den Verwaltungsrat. Franz Moser blieb weiterhin in der Geschäftsleitung.

Ende 2013 kamen die Töchter für sich zum Schluss, dass sie die Anteile der Firma verkaufen möchten. Seit Beginn des Nachfolgeprozesses stand im Raum, das Unternehmen dem Geschäftsführer, Stefan Eugster, zu verkaufen.

Dieser Verkauf wurde im Herbst 2014 realisiert. Obschon Franz Moser sein Unternehmen sehr gerne familienintern übergeben hätte, ist er heute mit der gefundenen Lösung zufrieden und froh, dass er die MELCOM AG an Stefan Eugster verkaufen konnte. Er ist weiterhin als Verwaltungsrat für die MELCOM AG tätig.

Seit 2017 ist Franz Moser zusammen mit der MELCOM AG Inhaber eines kleinen Elektrounternehmens, das ihm zum Kauf angeboten wurde – und somit weiterhin als Unternehmer tätig.

- **Als Unternehmer geboren**

Franz Moser wurde 1947 in Österreich geboren. Die Familie führte eine Ziegelei, die ihn von Kindsbeinen an prägte. Im Gespräch schildert er, dass er schon als kleiner Junge gelernt hat, was es heißt, Teil eines Familienunternehmens zu sein. Er wusste genau, was sich gehört, musste anständig daherkommen, die eigene Meinung behielt man besser für sich, politische Gruppierungen waren verpönt, Diplomatie wurde großgeschrieben. Für Franz Moser war früh klar, dass er das so nicht möchte und es zog ihn ins Nachbarsland Schweiz. Als gelernter Elektriker fand er eine erste Stelle in einem kleinen Unternehmen. Ihm wurde es dort rasch zu eng und er wechselte nach zwei Jahren in ein größeres, dynamisches Familienunternehmen, die Mayer Elektroanlagen AG. Sehr schnell wurden seine unternehmerischen Fähigkeiten sichtbar und glücklicherweise erkannt. Bereits in jungen Jahren erhielt Franz Moser die Gelegenheit, das Unternehmen entscheidend mitzugestalten und voranzutreiben. Er half maßgeblich mit, aus dem 15-Personen-Unternehmen eine Firma mit 700 Mitarbeitenden aufzubauen und zu etablieren. Über einige Jahre war er Filialleiter mit verschiedenen Betrieben, was ihm sehr gut gefiel – er war Unternehmer im Unternehmen und griff auf vieles zurück, was er bereits als kleiner Junge gelernt hatte.

Als Franz Moser 40 Jahre alt wurde, fragte er sich, weshalb er das eigentlich für andere machte und nicht für sich selber. Genau in diesem Moment wurde die Mayer Elektroanlagen AG von der ABB gekauft und er erhielt das Angebot, oberster Chef der Firma zu werden. Damit hatte er nicht gerechnet und gerne wollte er die Herausforderung wahrnehmen. Dies lief sehr gut, er hatte viel Spielraum und die Chance, als „angestellter Unternehmer" in einen Großkonzern hineinzusehen, mitzuwirken und alle Vor- und Nachteile kennenzulernen.

Nach 10 Jahren kam es erneut zum Verkauf der Firma. Franz Moser hatte die Wahl, nochmals unter einem neuen Chef anzufangen – oder sich selbstständig zu machen. Mit 50 Jahren entschied er sich, alleine zu starten und sein eigenes Unternehmen aufzubauen. Zu Beginn saß er ganz alleine in seinem Büro und musste erst einmal wieder alles alleine machen. Die Anfangszeit war mit sehr viel Stress und Unsicherheit verbunden, denn es war nicht eindeutig, ob das Vorhaben klappen würde. Doch es hat geklappt und noch dazu sehr gut: Bereits nach 7 Jahren ist es Franz Moser gelungen, die MELCOM AG in der Branche zu einem führenden Unternehmen mit rund 170 Mitarbeitenden aufzubauen.

- **Die Familie**

Die stressige Anfangszeit der MELCOM AG haben auch die zwei Töchter Brigitte Hänggli und Barbara Moser in Erinnerung. Sie waren damals beide in der Pubertät, hatten anderes im Kopf, bekamen den Druck, unter dem der Vater stand, aber hautnah mit. Gerade für ihre Mutter sei diese Zeit nicht einfach gewesen. Nach zwei Jahren zeichnete es sich glücklicherweise ab, dass die MELCOM AG auf einem guten Weg war und die ganze Familie erfreute sich am Erfolg. Die Firma war eng mit der Familie verbunden und oft Thema am Familientisch. Die Verbundenheit und der Stolz auf den Vater und die Firma sind in den Gesprächen mit beiden Töchtern sehr gut spürbar.

Franz Moser betonte, dass dies alles ohne seine Frau nicht möglich gewesen wäre. Nur dank ihr, ihrer stabilen Beziehung und ihrer Präsenz zu Hause hätte er sich so voll und ganz dem Geschäft widmen können. Auch war es für ihn sehr wertvoll und wichtig, in ihr eine vertraute Gesprächspartnerin zu haben, mit der er auch spätabends noch seine Sorgen und Freuden der Firma teilen konnte.

- **Der Nachfolgeprozess**

Es fiel Franz Moser sehr schwer, den Nachfolgeprozess zu starten. Er war und ist mit Leib und Seele Unternehmer und die MELCOM AG ist sein Lebenswerk. Trotzdem gelang es ihm, bereits mit 60 Jahren den Prozess frühzeitig zu starten und verschiedene Optionen zu erarbeiten.

Er unterhielt sich mit seinen zwei Töchtern Brigitte und Barbara und klärte ihre Interessen und Standpunkte. Brigitte Hänggli, die ältere Tochter, war damals bereits bei der MELCOM AG tätig und verantwortlich für den gesamten kaufmännischen Bereich. Er hätte sie sich in der Geschäftsleitung gut vorstellen können, doch war ihm bewusst, dass sie sich nicht voll und ganz der Firma verschreiben mochte, noch andere Interessen hatte und eine eigene Familie gründen wollte. Barbara Moser, Berufs- und Laufbahnpsychologin, kam von ihrer Ausbildung und ihren Interessen her weniger für die Geschäftsführung infrage, doch auch mit ihr besprach er verschiedene Szenarien und Ideen – etwa eine Funktion im Personalwesen. Beide Töchter kamen trotz der großen Verbundenheit und Identifikation mit dem Unternehmen jedoch zu dem Schluss, dass sie nach dem Ausstieg ihres Vaters keine leitende Funktion in der Firma übernehmen wollten.

Franz Moser arbeitete bereits seit vielen Jahren eng mit seinem Geschäftsführer Stefan Eugster zusammen. Dieser war sehr interessiert, die MELCOM AG zu übernehmen. Franz Moser konnte sich nur einen schrittweisen Verkauf vorstellen. 2010 entschied er, erstmals einen Teil der Firma an Stefan Eugster zu verkaufen und über die Beteiligung der Töchter die Mehrheit der Firma weiterhin im Familienbesitz zu behalten. Damit waren alle Beteiligen einverstanden und dies funktionierte gut. Franz Moser blieb weiterhin in der Geschäftsleitung und arbeitete engagiert und mit gleichem Pensum weiter wie zuvor.

- **In elterlicher Delegation – anspruchsvoll, sich daraus zu lösen**

Die Rollen als Aktionärinnen und Verwaltungsrätinnen ermöglichte den Töchtern einen vertieften Einblick in das Unternehmen. Sie wurden sich zudem noch mehr bewusst, wie groß die Verantwortung war. Sie verfolgten andere berufliche und private Pläne und hatten nicht das Interesse, sich mehr in die Firma einzubringen. Brigitte Hänggli war in der Zwischenzeit Mutter geworden und selbst nicht mehr bei der MELCOM AG tätig. Beide Töchter sahen sich zu weit weg von den zentralen Geschäftsthemen. Sie fühlten sich in vielen Fragen auf das Wissen ihres Vaters oder des Geschäftsführers angewiesen. Nicht zuletzt wurden sie sich zunehmend bewusst, dass sie die über die vielen Jahre gewachsene Unternehmerpersönlichkeit ihres Vaters nicht so leicht ersetzen konnten.

Obwohl sie wussten, wie sehr sich ihr Vater eine familieninterne Übernahme in irgendeiner Form gewünscht hätte, und die Firma auch ihnen sehr am Herzen lag, entschieden sie sich 2013, ihre Anteile zu verkaufen. Sie hatten beide für sich persönlich geklärt, welche Ziele sie in ihrem Leben verfolgen wollen und welche nicht und dies mit ihrem Vater besprochen. Ihrem Vater fiel diese Entscheidung schwer, obwohl er sich bewusst war, dass die aktuelle Lösung nur eine Übergangslösung war und das Geschäft eine andere Lösung brauchte. Der Geschäftsführer sah sich in der Lage, die Firma zu übernehmen, und 2014 verkauften Franz Moser und seine Töchter ihre Anteile an Stefan Eugster.

- **Das Leben danach**

Der Moment des Verkaufs und der Kommunikation an die Mitarbeitenden war für Franz Moser und die ganze Familie ein sehr schwieriger, emotionaler Moment. Mit der Entscheidung fiel aber auch viel Druck von ihren Schultern und er fühlte sich richtig an.

Erst durch den Verkauf, sagt Franz Moser, sei es für ihn möglich geworden, nicht mehr über 100% im Geschäft involviert zu sein und Schritt für Schritt auszusteigen. Er genießt heute mehr Ferien mit seiner Frau und kümmert sich sehr gerne um seine Enkelkinder.

Auch heute noch arbeitet er mit viel Freude einmal pro Woche für 2–3 Stunden im Geschäft mit und ist weiterhin als Verwaltungsrat für die MELCOM AG tätig. Franz Moser ist aber der Meinung, dass es ihm heute gelingt, sich zurückzunehmen und Entscheidungen, die er anders fällen würde, stehenzulassen. Er ist überzeugt, dass die gefundene Lösung für den Fortbestand des Unternehmens die beste ist. Der MELCOM AG geht es nach wie vor sehr gut und Stefan Eugster führt die Firma erfolgreich weiter.

Mit der erst kürzlich erfolgten Übernahme eines kleinen Elektrounternehmens, das Franz Moser zum Kauf angeboten worden war, führt er zu seinem 70. Geburtstag seine Leidenschaft fort – und wer weiß, vielleicht hat er dadurch bereits den Grundstein für eine weitere Erfolgsgeschichte gelegt.

✅ **Lessons learned**
- Nachfolgeprozesse frühzeitig starten,
- Interessen und Standpunkte der verschiedenen Akteure klären und respektieren,
- in Szenarien denken,
- trotz elterlichen Delegationen sich selber treu bleiben und zu seinen

Interessen, Fähigkeiten und (Lebens-) Zielen stehen,
- im Gespräch sein und offenbleiben,
- gute Geschwisterbeziehungen pflegen und nutzen,
- Unternehmensinteressen den persönlichen Interessen überordnen,
- Ausstieg nach Möglichkeit sorgfältig und schrittweise realisieren,
- neue Perspektiven für die Zeit nach der Übergabe eröffnen.

(Quelle: Interview mit Franz Moser und seinen beiden Töchtern Brigitte Hänggli und Barbara Moser, Juni/Juli 2017)

Literatur

Bienert, H., Eberhardt, D., Hofmann, R., Müller, A., Sigg, A. (2008). *Entscheidungsprozesse in der Unternehmensnachfolge im Familienunternehmen – Ein Prozessmodell: Forschungsbericht.* ZHAW, Winterthur.

Simon, F.B. (2011). *Die Familie des Familienunternehmens: Ein System zwischen Gefühl und Geschäft.* Heidelberg: Carl-Auer-Systeme Verlag.

Schmidt, L. (2003). *Familienunternehmen – Familien und ihre Unternehmen. Eine systemische Auseinandersetzung.* Diplomarbeit. Hochschule für Angewandte Psychologie, Züricher Fachhochschule, Zürich.

Wimmer, R., Domayer, E., Oswald, M. & Vater, G. (2005). *Familienunternehmer – Auslaufmodell oder Erfolgstyp?* Wiesbaden: Gabler.

Unternehmertum leben und beleben: Wie es gelingt Übergaben und Übergänge in Unternehmen gut zu gestalten

Das Interview mit Dr. Christoph Zweifel führte Ellen Gundrum

Christoph Zweifel und Ellen Gundrum

3.1 Interview – 18

Literatur – 22

© Springer-Verlag GmbH Deutschland 2018
C. Negri (Hrsg.), *Psychologie des Unternehmertums*, Der Mensch im Unternehmen: Impulse für Fach- und Führungskräfte, https://doi.org/10.1007/978-3-662-56021-1_3

3.1 Interview

In der Schweiz stehen viele inhabergeführte Unternehmen vor dem Generationswechsel, haben diesen kürzlich oder auch schon mehrfach vollzogen. Die Veranstaltung IAP Impuls 2017 widmete sich dem Thema „Unternehmertum leben und beleben - Wie es gelingt, Übergaben und Übergänge in Unternehmen gut zu gestalten". Als Podiumsgast gab Dr. Christoph Zweifel Einblicke in das Schweizer Familienunternehmen Zweifel Pomy-Chips AG, das den Generationswechsel bereits vor einigen Jahren vollzogen hat. Christoph Zweifel kann dabei aus drei Perspektiven berichten, nämlich als Sohn von Hansheinrich Zweifel, der das Unternehmen über 40 Jahre erfolgreich geführt hat, als Verwaltungsrat und aus der Position des Direktors Marketing und Sales bei Zweifel Pomy-Chips, die er seit Mai 2015 verantwortet.

- **Herr Zweifel, mit Ihrem Studium in Food Science & Technology an der ETH Zürich haben Sie den Grundstein gelegt für eine Karriere im Familienunternehmen Zweifel Pomy-Chips AG. Nach Ihrem Studium haben Sie sich über 10 Jahre Zeit gelassen und erst einmal internationale Konzernluft geschnuppert, bevor Sie 2015 in das Familienunternehmen eintraten. Das sieht nach einer präzisen Planung aus. War es so oder wie ist es dazu gekommen?**

Nein, eine präzise Planung war das nicht, wenngleich mich mein Vater Hansheinrich Zweifel schon ein bisschen für meine Studienrichtung inspiriert hat. Er war Lebensmittelagronom und ich habe mich entschieden Lebensmittelingenieurwesen zu studieren. Dazu hat sicher auch beigetragen, dass meine Geschwister und ich Kinder einer Unternehmerfamilie sind. Am Familientisch wurde häufig über Lebensmittel und das Geschäft diskutiert. Unser Vater hat uns in die Produktion mitgenommen und schon früh durfte ich kleine Jobs im Betrieb übernehmen. Nach dem Abitur habe ich 6 Monate lang als Frische-Service-Fahrer im Außendienst Kunden beliefert. Davon profitiere ich heute wieder, weil ich schon damals hautnah erlebt habe, was draußen alles passieren kann. Mit einem Studium, das eher breit angelegt war, wollte ich mir möglichst viele Karrierewege offenhalten. Ein Einstieg in das Familienunternehmen direkt nach dem Studium kam für mich nie in frage. Zuerst wollte ich meinen eigenen Weg gehen und Erfahrungen in verschiedenen Unternehmen und Positionen, auch auf internationaler Ebene, sammeln. Das tat ich dann auch 14 Jahre lang, bevor ich 2015 eine operative Führungsrolle im Familienunternehmen übernahm. Für mich war immer klar, dass ich das erst in Betracht ziehe, wenn ich selbst davon überzeugt bin, dass ich als Fach- und Führungsperson einen signifikanten Mehrwert in das Unternehmen einbringen kann.

- **Ihr Vater Hansheinrich Zweifel hat das Unternehmen über 40 Jahre lang geführt und geprägt. Ein „Patron", der mutige Entscheidungen getroffen und zum Unternehmenserfolg wesentlich beigetragen hat. Wie gelingt es Ihnen sich abzugrenzen und Ihren eigenen Weg im Unternehmen und zum Erfolg zu finden?**

Schon mein Großvater hat meinem Vater, als dieser vor vielen Jahren ins Unternehmen eingetreten ist und die Geschäftsführung übernommen hat, freie Hand gelassen. Und so handhabt das jetzt auch mein Vater. Zudem erkennt er an, dass sich das Geschäft verändert. Die Digitalisierung z. B. bringt neue Herausforderungen und erfordert andere Kompetenzen, die er in vollem Vertrauen der nächsten Generation überlässt. Wenn es hingegen um neue Produkte und Entwicklungen geht, ist er immer noch sehr aktiv und bringt seine Ideen – im Sinne von Inspiration – ein. Wie früher schon, werden auch heute Familientreffen oder Familienurlaube genutzt, um über das Geschäft zu sprechen und neue Ideen zu diskutieren. Diesen Austausch schätze ich sehr. Im Unternehmen arbeiten heute 375 Mitarbeitende, davon sind 27% länger als 20 Jahre dabei. Einige, mit denen ich während meiner Zeit als Frische-Service-Mitarbeiter im Depot zusammengearbeitet habe, sind heute noch dort. Einige kannten mich schon als kleiner Junge und kennen mich heute als Vorgesetzter. Das sind sehr persönliche Beziehungen, die ich verantwortlich pflege. Die Mitarbeitenden, so empfinde ich es, erwarten von mir als Familienmitglied mit operativer Führungsverantwortung, dass ich mich engagiere und stark involviere und dass ich schnell und verantwortlich entscheide. Anfänglich war ich überrascht, wieviel Gewicht die Stimme eines Familienmitglieds im Unternehmen haben kann, wenn es darum geht, neue Dinge anzuschieben, Veränderungen zu realisieren und Entscheidungen umzusetzen. Sich dessen bewusst zu sein und in der Kommunikation zu beachten, ist Teil meiner Verantwortung und wichtig im Umgang mit Mitarbeitenden und im Führungskreis.

- **In Familienunternehmen treffen zwei Systeme aufeinander: die Familie und das Unternehmen. In der Familie sind Beziehungen, Familienmitglieder und deren Wohlergehen und Entwicklungen wichtig. Das Familiensystem ist mit Emotionen gefüllt. Beim Unternehmen stehen hingegen die Entwicklung der Geschäftstätigkeit, Arbeitsprozesse und der wirtschaftliche Erfolg im Vordergrund. Wenn es zu einer Vermischung kommt, wie es bei Familienunternehmen der Fall ist, kann dies zu Konflikten führen (Schmidt Boner, 2017). Kennen Sie das in Ihrem Unternehmen? Wie gehen Sie damit um?**

Beim Übergang in die neue Generation, als mein Vater und mein Onkel die operative Führung abgaben, haben wir die Grundsatzfrage gestellt: Wohin soll sich das Unternehmen zukünftig entwickeln? Das große Ziel muss geklärt sein. Bei Zweifel Pomy-Chips AG wollen wir wachsen. Darüber sind sich alle einig – die abtretende und die übernehmende Generation. Daraus ergeben sich weiterführende personelle Fragen, im Sinne von nötigen Kompetenzen, ob diese aus der Familie generiert werden können oder extern dazukommen, ist für die Zielerreichung zweitrangig. Der Unternehmenserfolg steht über allem.

Beim Übergang haben wir in der „family governance" Grundsätze definiert, wie das Unternehmen geführt werden soll. Diese sind verpflichtend und definieren z. B. auch, was ein Familienmitglied mitbringen muss, um operativ tätig sein zu können. Das hilft der nächsten Generation in ihrer Entscheidungsfindung. Heute wird die junge Generation viel früher und stärker beteiligt. Früher hat mein Vater am Familientisch erzählt, was im Unternehmen läuft und was ihn beschäftigt. Heute findet einmal im Jahr eine Familienzusammenkunft statt. Zu dieser werden Familienmitglieder ab 18 Jahre eingeladen. Zu diesem Anlass informieren die Geschäftsführenden der verschiedenen Tochtergesellschaften (Zweifel Pomy-Chips, Zweifel Weine und Toga Food) über den aktuellen Geschäftsverlauf und zukünftige Entwicklungen. Die junge Generation kann Fragen stellen und Ideen einbringen. Im letzten Jahr haben wir einen umfassenden Strategieprozess durchlaufen, auch darüber haben wir regelmäßig informiert und die nächste Generation einbezogen. Der Dialog über die Generationen und Familien hinweg ist wichtig, er bearbeitet mögliche Konfliktpotenziale frühzeitig oder vermeidet diese ganz. Dass dieser Dialog funktioniert, zeigt auch, dass sich die junge Generation regelmäßig untereinander trifft, um sich über das Unternehmen und ihre Zukunft im Unternehmen auszutauschen. Für mich ist diese Form des Dialogs entscheidend dafür, dass ein Familienunternehmen langfristig erfolgreich funktionieren kann.

- **Kann es überhaupt gelingen, das Positive aus beiden Systemen gewinnbringend zu vereinen? Oder hat immer eines der beiden Systeme das Nachsehen? Welche Erfahrungen haben Sie als Sohn einer Unternehmerfamilie gemacht und welche machen Sie heute als Führungskraft im Unternehmen?**

Als Familie ist uns Eigenständigkeit im Sinne einer Stimmenmehrheit im Verwaltungsrat wichtig. Im operativen Geschäft wird das Unternehmen seit über 20 Jahren von externen CEOs erfolgreich geführt. Hier sind die

Kompetenzen entscheidend, diese können aus der Familie oder von extern eingebracht werden. Aus persönlicher Sicht fühle ich mich im Familienunternehmen als Unternehmer. Ich fühle mich verantwortlich und ich spüre die Erwartungshaltung der Mitarbeitenden an mich, diese ist aus meiner Sicht höher, wenn jemand aus der Familie operative Verantwortung trägt. Natürlich bin ich heute in einer anderen Situation als damals mein Vater. Mein Vater war vielmehr Gründer und hat das Unternehmen mit einer revolutionären Innovation, dem Frische-Service, nach vorne gebracht. Ich trete an, um ein gut funktionierendes System in eine sich immer schneller wandelnde Zukunft zu führen. In diesem Sinne bringe ich neben Fachwissen und Erfahrung sehr viel Herzblut für das Familienunternehmen mit. Das alles kostet Energie und Zeit. Da ist es manchmal auch für mich nicht ganz einfach, eine gute Balance zwischen Unternehmen und Familie zu halten. Dabei hilft es, ein gutes Team zu haben. Bei Zweifel Pomy-Chips war das gesamte Führungsteam in den Strategieprozess involviert, hat mit daran gearbeitet und trägt das Ergebnis mit. Das ist eine solide Basis für die Umsetzung und entlastet die Geschäftsleitung.

- **Sie haben ältere Geschwister, die keine operative Rolle im Unternehmen eingenommen haben. Wie und wie früh oder wie lange haben Sie sich in der Familie mit der Nachfolgefrage auseinandergesetzt? Welchen Prozess haben Sie durchlaufen, bis am Ende alle eine passende Rolle im Mischsystem „Familie & Unternehmen" gefunden haben?**

Mein Vater hat uns früh involviert, als es darum ging, seine Nachfolge zu planen und zu regeln. Dieser Prozess ging über mehrere Jahre, in denen wir unsere Wünsche und Pläne besprochen haben und in denen wir unsere möglichen Rollen im Unternehmen diskutiert und konkretisiert haben. Meine Schwester ist im Verwaltungsrat vertreten, mein Bruder hat sich entschieden, keine aktive Rolle im Unternehmen wahrzunehmen, und ich habe nach vielen Jahren im Verwaltungsrat auf Stufe Holding und auf Stufe Tochtergesellschaft operative Führungsverantwortung übernommen. Natürlich hätte mein Vater gerne gesehen, wenn ich schon früher ins Familienunternehmen zurückgekehrt wäre, aber er hat es immer akzeptiert, dass ich entscheide ob, zu welchem Zeitpunkt und in welcher Funktion ich in das Familienunternehmen einsteige. Während dieser Zeit haben wir immer den Dialog geführt, nicht nur mit meinem Vater, sondern auch mit dem externen Verwaltungsratspräsidenten, der sich aktiv in unsere Rollenfindung eingebracht hat. Dabei übernahm er auch die Rolle eines Mentors. Der Prozess ist gelungen – für das Unternehmen und für mich persönlich.

- **Ihr Vater hat vor einigen Jahren die operative Führung im Unternehmen an einen CEO abgegeben, der nicht zur Familie gehört. Wie haben Sie im Unternehmen und in der Familie diese Übergabe vorbereitet? Was ist zu beachten, dass eine gute Übergabe gelingen kann?**

Als klar war, dass die Nachfolge meines Vaters extern besetzt werden würde, erfolgte ein professioneller, extern begleiteter Auswahlprozess, in dem alle möglichen Kandidatinnen und Kandidaten ein Assessment durchlaufen haben. Dabei wurden neben der fachlichen Qualifikation vor allem auch „social skills", die in einem Familienunternehmen besonders wichtig sind, beurteilt. Ein externer CEO muss im Unternehmen zielführend agieren und gleichermaßen die Familie berücksichtigen. Empathie ist dabei ein wichtiger Faktor, um in der Lage zu sein, die verschiedenen Charaktere und Rollen im System Familie zu erfassen und einzubinden. Anders als in anderen Unternehmen kann sich eine Konfliktsituation mit einem Familienmitglied schnell ausbreiten, weil das System Familie losgelöst vom Unternehmen kommuniziert. Ein CEO muss die Ziele erreichen, das Unternehmen weiterbringen, neue Ideen einbringen und die Familie auf diesem Weg mitnehmen. Das kann mitunter herausfordernd sein. Wesentlich ist, dass Einigkeit über die grundlegende Richtung herrscht, die das Unternehmen einschlagen soll. Wenngleich die Familie vom CEO erwartet, dass er eigene Sichtweisen und Ideen einbringt und dafür zu überzeugen weiß.

- **Ein Führungswechsel an der Spitze bringt häufig auch einen Kulturwechsel im Unternehmen mit sich. Wie haben Sie und die Mitarbeitenden in Ihrem Unternehmen das erlebt? Wie kann das positiv genutzt werden?**

Bei der Auswahl eines nachfolgenden CEO ist es wichtig, sicherzustellen, dass die Familie und die neue Führungskraft dieselbe Vision für das Unternehmen verfolgen. Zudem ist es hilfreich, im Vorfeld zu prüfen, ob die Führungskulturen des Unternehmens und der neuen Führungskraft passen. Dabei sollen von der neuen Führungskraft neue Impulse ausgehen, die durchaus auch mit einem veränderten Führungsstil einhergehen können. Bei Zweifel Pomy-Chips hat der letzten Führungswechsel gepaart mit einem breit abgestützten Strategieprozess zu einer Aufbruchsstimmung geführt – ein Idealfall. Je nachdem in welcher Situation sich das Unternehmen befindet, kann ein verändertet Führungsstil auch viel Sinn ergeben. In schwierigen Situationen, z. B. wenn Effizienzsteigerungs- und Kostensenkungsprogramme nötig werden, ist die Führung anders gefordert als wenn es darum geht, auf erfolgreicher Basis die Zukunft zu gestalten. In jedem Fall kann ein geordneter und gut ausgewählter Wechsel in wichtigen Führungspositionen im Unternehmen positiv wirken und frischen Wind reinbringen.

- **Ihr Unternehmen ist seit den 1950er-Jahren erfolgreich im Schweizer Markt. Unternehmertum gepaart mit mutigen, auch risikoreichen Entscheidungen hat dazu beigetragen. Wie gelingt es, Unternehmertum langfristig in der DNA eines Unternehmens zu verankern und auf einem langen Erfolgsweg immer wieder neu zu beleben?**

Zum einem ist es wichtig, sich immer wieder darauf zu besinnen, welche Werte das Unternehmen erfolgreich gemacht haben und wie diese in die Zukunft entwickelt werden können. Pionierdenken hat das Unternehmen Zweifel Pomy-Chips geprägt und erfolgreich gemacht. Das gehört zur DNA des Unternehmens. Wir stellen uns immer wieder die Frage, wie wir dieses Denken im Unternehmen aufrechterhalten und leben lassen können. Pionierdenken erwarten wir nicht nur von den Führungskräften. Alle Mitarbeitenden sind aufgefordert in allen Bereichen neue Ideen einzubringen. Wenn gute Ideen umgesetzt werden, wollen wir dies auch entsprechend honorieren. Pionierdenken heißt auch unternehmerisch denken, auch das erwarten wir von unseren Mitarbeitenden. Ich frage meine Mitarbeitenden häufig, ob sie etwas auch so machen würden, wenn sie eigenes Geld einsetzen müssten. Natürlich stellen wir uns auch die Frage, welche zusätzlichen Werte es braucht, um in Zukunft erfolgreich sein zu können.

Als Familienunternehmen wollen wir zum anderen das „family thinking" in das Unternehmen tragen – Vertrauen, Wertschätzung und respektvoller Umgang miteinander. Wir wollen, dass das Unternehmen ähnlich wie eine gute Familie funktioniert, in der jeder seinen Platz hat und sich einbringen kann, deren Mitglieder sich hart auseinandersetzen, entscheiden und dann an einem Strang ziehen. All das, was eine gute Familie ausmacht, soll auch das Unternehmen ausmachen.

- **Was sind die wesentlichen Erfolgsfaktoren von Familienunternehmen? Welche Vorteile kommen aus dem System Familie, die für das Unternehmen genutzt werden können? Und welchen Gefahren lauern?**

Viele unserer Mitarbeitenden – nicht nur die langjährigen – fühlen sich dem Familienunternehmen zugehörig. Ich glaube, ich darf sagen, dass sie für das Unternehmen so arbeiten, als wäre es ihr eigenes Unternehmen. Das ist aus meiner Sicht ein großes Potenzial von Familienunternehmen. In einem Familienunternehmen geht es oft persönlicher zu. Man kennt die Familienmitglieder, ist mit ihnen verbunden, genau wie umgekehrt.

Familienunternehmen planen weitsichtiger. Ich glaube, dass das System „Familienunternehmen" nachhaltiger im Sinne einer langfristigeren Planung agiert. Gut funktionierende Familienunternehmen leisten es sich, kontinuierlich und längerfristig an der Zielerreichung zu arbeiten und haben oft den längeren Atem, um eine Investition erfolgreich zu machen.

Existenziell wichtig kann es werden, Spielregeln zu definieren, die klar vorgeben, was Familienmitglieder, die im Unternehmen mitwirken wollen, mitbringen müssen. Dies muss zwingend an Kompetenzen geknüpft sein, um den Unternehmenserfolg sicherzustellen.

Je größer die Familie über Generationen wird, umso wichtiger werden Modelle, die definieren, wer in einer wachsenden Familie welchen Platz im Unternehmen einnehmen kann. Wir sind derzeit daran, mögliche Modelle zusammen mit der nächsten Generation zu erarbeiten. Dabei muss klar sein, dass bei einer wachsenden Familie nicht jeder am Familienunternehmen partizipieren kann. Das Familienunternehmen muss schlagkräftig bleiben, z. B. kann ein agiler Verwaltungsrat nicht mehr als 6 bis 7 Mitglieder haben. Dies alles muss geregelt sein, damit sich ein Familienunternehmen langfristig erfolgreich entwickeln kann.

Take-aways
- Beim Generationen- bzw. Führungswechsel muss die strategische Ausrichtung des Unternehmens geklärt sein und Einigkeit darüber herrschen.
- Es sollten verpflichtende Grundsätze definiert sein, wie das Unternehmen geführt werden soll und welche Kompetenzen Familienmitglieder, die im Unternehmen mitwirken wollen, mitbringen müssen.
- Je größer die Familie über Generationen wird, umso wichtiger werden Modelle, die definieren, wer in einer wachsenden Familie welchen Platz im Unternehmen einnehmen kann.
- Die junge Generation sollte früh involviert werden. Ein regelmäßiger Dialog über die Generationen und Familien hinweg ist wichtig, um Konfliktpotenziale frühzeitig zu erkennen oder ganz zu vermeiden.
- Das operative Geschäft kann von einem „externen" CEO erfolgreich geführt werden. Dabei gilt es sicherzustellen, dass die Familie und die Führungskraft dieselbe Vision für das Unternehmen verfolgen und die Führungskulturen passen.
- Ein „externer" CEO muss zielführend agieren und zugleich die Familie berücksichtigen. Empathie hilft, um die verschiedenen Charaktere und Rollen im System Familie zu erfassen und einzubinden.
- In Familienunternehmen kann sich eine Konfliktsituation mit einem Familienmitglied schnell ausbreiten, weil das System Familie losgelöst vom Unternehmen kommuniziert.
- Mitarbeitende erwarten von Familienmitgliedern mit operativer Führungsverantwortung, dass sie sich besonders engagieren und involvieren, schnell und verantwortlich entscheiden.
- In einem Familienunternehmen geht es oft persönlicher zu. Mitarbeitende kennen die Familienmitglieder und sind mit ihnen verbunden, genau wie umgekehrt.

Literatur

Schmidt Boner, L. (2017) Unternehmensnachfolge: Familie und Unternehmen – zwei Welten. *KMU-Magazin*, Ausgabe 2.

Die Psychologie des Familienunternehmens am Beispiel von SCHULER St. JakobsKellerei

Zwischen Respekt vor dem Bewährten und Offenheit für das Neue

Rafael Huber und Elisa Streuli

4.1	Einleitung – 24	
4.2	Von der Familie zum Unternehmen und zurück – 24	
4.3	Die Firma SCHULER St. JakobsKellerei aus Seewen – 25	
4.4	Die Psychologie des Familienunternehmens am Beispiel von SCHULER St. JakobsKellerei – 25	
4.4.1	Besonderheiten in der Jugend – 26	
4.4.2	Motive für die Selbstständigkeit – 27	
4.4.3	Die Rolle bewusster Zielsetzung – 28	
4.4.4	Die Bedeutung von Geld – 28	
4.5	Die Bedeutung verkäuferischer Fähigkeiten für den finanziellen Erfolg – 29	
4.6	Die Rolle von Optimismus und Selbstwirksamkeit – 29	
4.7	Die Risikoorientierung – 30	
4.8	Das Verhältnis von analytischen und intuitiven („Bauch"-)Entscheidungen – 30	
4.9	Persönlichkeitsmerkmale: Neurotizismus, Extraversion, Offenheit, Gewissenhaftigkeit, Verträglichkeit – 30	
4.10	Die Ausprägung von Konfliktbereitschaft – 31	
4.11	Nonkonformismus, bzw. die Bereitschaft „gegen den Strom" zu schwimmen – 31	
4.12	Der Umgang mit Krisen und Rückschlägen – 32	
4.13	Schlussfolgerungen – 32	
4.14	Interviewporträt Jakob und Samuel Schuler – 32	
	Literatur – 35	

© Springer-Verlag GmbH Deutschland 2018
C. Negri (Hrsg.), *Psychologie des Unternehmertums*, Der Mensch im Unternehmen: Impulse für Fach- und Führungskräfte, https://doi.org/10.1007/978-3-662-56021-1_4

In Zusammenarbeit mit Jakob und Samuel Schuler

Leiden und Schaffen. Das passt für mich gut. Man muss Feuer gefangen haben an etwas und eine Leidenschaft entwickeln. Sonst funktioniert es nicht. (Samuel Schuler, 11. Generation SCHULER St. JakobsKellerei)

4.1 Einleitung

Unternehmerinnen und Unternehmer üben auf uns Normalsterbliche eine magische Faszination aus. Sind sie erfolgreich, so bestaunen wir Ihre genialen Ideen, ihren unbändigen Willen und ihre große Risikobereitschaft. Der daraus resultierende wirtschaftliche Erfolg weckt Sehnsüchte und Bewunderung. Die Bewunderung verfliegt im Moment des Scheiterns. Genau dann haben wir alle schon immer gewusst: Diese Reise konnte so niemals gutgehen. Die ursprüngliche Ehrfurcht vor der mutigen Fahrt ins Ungewisse weicht einer sich selbst bestätigenden Belustigung über die ach so große Naivität des gescheiterten Unternehmers. Eines ist klar: Unternehmerinnen und Unternehmer sind anders. Doch was genau bedeutet das? Rainer Zitelmann hat sich in seiner an der Universität Potsdam als Dissertation eingereichten und im FinanzBuch Verlag als Buch erschienen Forschungsarbeit sehr ausführlich und wissenschaftlich fundiert mit der Psyche des erfolgreichen Unternehmers beschäftigt (Zitelmann, 2017). Zwei Vertreter dieser erfolgreichen Gattung sind Jakob und Samuel Schuler. Als „Statthalter" in der 10. und 11. Generation des über 300 Jahre alten – und damit zweifelsohne äußerst erfolgreichen – Familienunternehmens SCHULER St. JakobsKellerei kennen sie sowohl die Sonnen- als auch die Schattenseiten des Unternehmertums seit Kindertagen. Das vorliegende Kapitel möchte die von Zitelmann herausgearbeitete „Psyche des erfolgreichen Unternehmers" mit einem ganz konkreten, menschlichen und damit fassbaren Gesicht zum Leben erwecken (Zitelmann, 2017). Natürlicherweise subjektive Standpunkte aus der faszinierenden Geschichte der Familie Schuler werden mit sachlich fundierten Fakten aus der Arbeit von Zitelmann kontrastiert. Der anfänglich leicht plakative „Übermensch Unternehmer" erhält so ein ganz menschliches Antlitz. Das vorliegende Kapitel erhebt nicht den Anspruch einer wissenschaftlichen Arbeit. Nichtsdestotrotz ist es das erklärte Ziel der Autoren, eine Schicht tiefer zu gehen. Ob dies gelungen ist, wird jede Leserin und jeder Leser am Ende für sich selbst beurteilen müssen.

4.2 Von der Familie zum Unternehmen und zurück

Reichen die Wurzeln tief, gedeihen die Zweige gut, sagt ein chinesisches Sprichwort in Bezug auf die Familie. Anders als bei einem Baum haben in einer Familie die einzelnen Mitglieder jedoch durchaus auch ihren Eigensinn, ihre eigenen Wünsche und Pläne. Familie verpflichtet – und wenn jemand scheitert, setzt er oder sie gleich eine ganze Familienhinterlassenschaft aufs Spiel.

> Ich bin Statthalter für eine Generation im Moment noch und ich hoffe, das seist dann bald du: Statthalter für eine Generation. (Jakob Schuler an seinen Neffen Samuel Schuler gerichtet)

In Familienunternehmen gilt es, das Erbe umsichtig zu verwalten und gleichzeitig an die sich verändernde Umwelt fortwährend anzupassen. „Respekt vor dem, was gewesen ist, und Respekt vor den zukünftigen Generationen" nennt dies Samuel Schuler. Mit allem Respekt vor dem, was gewesen ist, reicht es aber nicht aus, sich auf den wirtschaftlichen Lorbeeren der Eltern und Großeltern auszuruhen. Dies ist auch Samuel Schuler bewusst: „Wir stehen täglich im harten Wettbewerb in der Schweiz, konkret mit 3 000 anderen Weinanbietern, in so einem kleinen Land. Das ist sehr kompetitiv". Zwar steht jedes Unternehmen vor der Herausforderung, Kontinuität und Wandel ökonomisch effizient, nachhaltig und weitsichtig zu kombinieren, aber durch die persönliche Nähe der Familienmitglieder, die sippenartige Verflechtung und die erhöhte

Sensibilität in Bezug auf eine faire Güterverteilung sind Familienmitglieder anders als „gewöhnliche" Angestellte mit ihrer ganzen Person im Unternehmen. Arbeit und Freizeit, zumindest was die personalen Beziehungen der beiden Bereiche angeht, sind im Familienunternehmen nie ganz voneinander zu trennen.

Jede neue Generation muss „auf den Schultern von Riesen" ihr eigenes Gespür für die Kombination von Kontinuität und Wandel entwickeln und mit Respekt gegenüber der Elterngeneration unternehmerisch durchsetzen. Auch eine Traditionsmarke wie diejenige der Weinfamilie Schuler muss sich immer wieder von Neuem positionieren: „Wir müssen dem Kunden immer wieder erfahrbar machen, was Schuler ist und wofür Schuler steht. Besonders für neue Kunden und junge Kunden muss man das im heutigen Kontext immer wieder frisch definieren. Immer wieder bestätigen", sagt Samuel Schuler.

4.3 Die Firma SCHULER St. JakobsKellerei aus Seewen

Angesichts dieser unternehmerischen und familienspezifischen Stolpersteine ist es immer wieder beeindruckend, dass zahlreiche Familienunternehmen diese Herausforderungen annehmen und seit vielen Generationen erfolgreich existieren. SCHULER St. JakobsKellerei ist eines dieser Unternehmen und das schon seit mehr als 300 Jahren. Die Gründergeneration war im Tuchgeschäft tätig und handelte gleichzeitig mit italienischem Wein im Tausch gegen Schweizer Alpkäse. Aufgrund der stetig steigenden Nachfrage nach Wein und Käse gaben die Unternehmer das Tuchgeschäft 1820 auf und stiegen ins Bankwesen ein. Ende des 19. Jahrhunderts musste nach dem Bau der Gotthardlinie der Käsehandel eingestellt werden. Nach einem familieninternen Gütertausch war der eine Zweig der Familie im Bankwesen tätig, der andere konzentrierte sich auf den Weinhandel. „Der Bau der Gotthardbahn. Das war sicher eine Zäsur. Da haben sie dann den Käsehandel aufgegeben und sich auf Wein und Banken konzentriert", informiert uns Jakob Schuler. Mit der rasch steigenden Nachfrage nach Wein dehnte sich der Import von Norditalien auf weite Teile Europas aus. Die St. JakobsKellerei am heutigen Standort in Seewen wurde 1893 gebaut. In den 1950er-Jahren wurde die erste automatische Abfüllanlage der Schweiz installiert und in den 1970er-Jahren ein Analyselabor zur Qualitätsprüfung eingerichtet. Mit diesem können die Daten zu jedem Wein 10 Jahre lang zurückverfolgt werden. Quasi „Big Data" in Seewen und das schon seit über 40 Jahren. Im Jahr 2017 beschäftigt SCHULER St. JakobsKellerei in der Schweiz 130 Mitarbeitende. Auch dank des Online-Handels konnten in den letzten 20 Jahren stetig neue Märkte erschlossen werden. Angeboten werden auf den Hauptmärkten Schweiz, Deutschland und China rund 280 verschiedene Weine.

4.4 Die Psychologie des Familienunternehmens am Beispiel von SCHULER St. JakobsKellerei

Wie prägt die enge Verzahnung von Familie und Unternehmen die Sichtweise auf Erfolg und Unternehmertum? Mit welchen Herausforderungen sieht sich das Unternehmen SCHULER St. JakobsKellerei heute konfrontiert? Diesen und anderen Fragen sind wir im Interview mit Jakob und Samuel Schuler nachgegangen. Struktur geben den Aussagen 12 kurze Unterkapitel. Diese basieren auf der Arbeit des Historikers und Soziologen Dr. Rainer Zitelmann. Dieser hat sich in seiner Dissertation mit dem aktuellen Stand der Reichtums- und Unternehmerforschung beschäftigt (Zitelmann, 2017). Seine Arbeit setzt sich zentral mit der Frage nach den relevanten Erfahrungen, Einstellungen und Merkmalen der Persönlichkeit auseinander, die im unternehmerischen Kontext zu finanziellem Erfolg verhelfen. Die erwähnten 12 Unterkapitel basieren auf den von Zitelmann abgeleiteten Themenkomplexen, die dem empirischen

Teil seiner Doktorarbeit zugrunde liegen (2017, S. 152). Dies sind:
1. Besonderheiten in der Jugend (z. B. Schulzeit, Studium, Sport oder frühe unternehmerische Tätigkeiten),
2. Motive für die Selbstständigkeit,
3. die Rolle bewusster Zielsetzungen,
4. die persönliche Bedeutung von Geld,
5. die Bedeutung verkäuferischer Fähigkeiten für den finanziellen Erfolg,
6. die Rolle von Optimismus und Selbstwirksamkeit,
7. die Risikoorientierung,
8. das Verhältnis von analytischen und intuitiven Entscheidungen,
9. aus der Big Five Theorie (McCrae & Costa, 1987) abgeleitete Persönlichkeitsmerkmale Neurotizismus, Extraversion, Offenheit, Gewissenhaftigkeit und Verträglichkeit,
10. die Ausprägung von Konfliktbereitschaft,
11. Nonkonformismus bzw. die Bereitschaft, auch einmal „gegen den Strom" zu schwimmen,
12. der Umgang mit Krisen und Rückschlägen.

Die Erkenntnisse, die Zitelmann in seiner Studie mit 36 Selfmade-Unternehmern, 5 Familienunternehmern und 4 Interviewpartnern, die einen geerbten, sehr kleinen Betrieb in großem Maße ausgebaut hatten (Zitelmann, 2017, S. 152), in Bezug auf die spezifische Relevanz und Bedeutung dieser 12 Themenkomplexe gewinnen konnte, bieten einen interessanten wissenschaftlich fundierten Referenzrahmen für das von uns durchgeführte Interview mit Jakob und Samuel Schuler. Die sehr persönlichen Aussagen verleihen der Materie ein menschliches und damit auch nahbares Gesicht, zeigen Parallelen und Unterschiede und charakterisieren die Familie Schuler ehrlich und authentisch.

4.4.1 Besonderheiten in der Jugend

Die Kindheit und Jugend wird von vielen Menschen als eine ganz besonders wichtige Zeit erlebt. In der Kindheit erfolgt eine erste starke Prägung durch die Eltern. In der darauf folgenden Jugend emanzipieren wir uns von den Eltern. Eigene Werte und Ziele kristallisieren sich heraus und neben ersten Erfolgen sind auch die ersten schmerzlichen Rückschläge zu verarbeiten. Wie prägt diese wichtige Zeit die Entwicklung zum Unternehmer? Jakob Schuler datiert erste unternehmerische Prägungen schon in die Zeit als Kind: „Eigentlich bin ich schon sehr jung damit verwachsen. Ich habe schon sehr früh gedacht, dass ich da [beim Familienunternehmen – Anm. d. Verf.] mitmache". Ein eigentliches Schlüsselerlebnis erwähnt er nicht. Auch Samuel Schuler spricht von einem Hineinwachsen ins Unternehmen und Unternehmertum: „Man bekommt viel mit, von den Eltern, den Großeltern. Weniger vom Wein her hatte ich den Zugang, sondern vielmehr über die ganze Welt rundherum. Wenn man schon als Kind am Samstagmorgen mit dem Vater ins Büro geht und den Geruch im Lager riecht, nimmt man das wahr. Die Welt rundherum natürlich, nicht den Wein erstmal, sondern mehr über den Geruch, den Geschmack und die Leute, die Mitarbeiter. Das ist unglaublich spannend und in dem Fall auch faszinierend". Die Aussagen von Jakob und Samuel Schuler spiegeln eine gewisse Selbstverständlichkeit, mit der sie schon als Kind an das Thema Unternehmertum herangeführt wurden. Dies auch, wenn gerade für Samuel Schuler nicht von Anfang an klar war, dass die – wie wir noch erfahren werden nicht nur sprichwörtliche – Reise im Familienunternehmen enden wird: „Man ist in die Welt rausgegangen. Das hat mich wirklich immer sehr interessiert und ich habe diese Chance genutzt. Deshalb ist es für mich auch nicht immer von Anfang an klar gewesen, dass ich ins Familienunternehmen einsteigen werde eines Tages". Trotz dieser anfänglichen Unentschlossenheit hat man nicht nur bei Samuel, sondern auch bei Jakob Schuler immer wieder stark den Eindruck, dass hier nicht von einem normalen Beruf, sondern vielmehr von einer eigentlichen Berufung gesprochen wird. So etwa in der Sehnsucht nach der Heimat und Familie: „Mit all den Erfahrungen, die ich extern gemacht habe, hat es mich doch immer mehr wieder nach Hause gezogen" (Samuel Schuler). Die enge Verbindung zur Familie wie auch die Selbstverständlichkeit des Themas Unternehmertums sind immer wieder spürbar. Ähnliche Erkenntnisse finden sich auch in der Studie von Zitelmann. 60 % der von ihm interviewten Personen stammen aus einem Elternhaus von Selbstständigen (Zitelmann, 2017, S. 201). Gleichzeitig beschreibt er aber auch, dass sich die Berufswünsche der 45 von ihm Interviewten nicht so sehr von denen anderer Kinder oder Jugendlicher unterschieden haben (Tierarzt, Lokomotivführer, Filmregisseur, Pfarrer, Förster, Pilot oder Architekt; Zitelmann, 2017, S. 164–166, S. 202). Bestätigt wird dieser letzte Punkt auch von Jakob Schuler: „Ich hatte wie jedes Kind den Wunsch Kapuziner, Polizist, so Sachen, oder auch Zoologe zu werden". Viele der von Zitelmann Interviewten waren in ihrer Jugend ambitionierte Sportler oder fielen durch frühe kreative unternehmerische Tätigkeiten auf (Zitelmann, S. 202–203). Auch Samuel Schuler war in seiner Jugend ein durchaus ambitionierter Eishockeyspieler. Die von Zitelmann angesprochene (unternehmerische) Kreativität wird von Samuel Schuler im Interview ebenfalls thematisiert: „Die Neugier kann ich absolut teilen und eine gewisse Kreativität, die man ausleben darf, ausgehend von dem Talent, das man hat".

4.4.2 Motive für die Selbstständigkeit

Als Gründe für eine Karriere als Unternehmerin oder Unternehmer sind die unterschiedlichsten Motive denkbar. Die Freiheit eigene Ideen zu verwirklichen, seine eigene Chefin, sein eigener Chef zu sein oder auch die Möglichkeit viel Geld zu verdienen. Eine eigentliche Karriere als Unternehmerin oder Unternehmer muss man im Familienunternehmen weniger explizit starten. Dennoch stellt sich die Frage: Will ich da mitmachen oder nicht? Es stellt sich also schon fast eher die Frage nach einer allenfalls vorhandenen Verpflichtung.

Auch Zitelmann verweist im spezifischen Kontext des Familienunternehmens auf eine vorhandene unausgesprochene Selbstverständlichkeit (Zitelmann, 2017, S. 225). Auch wenn Jakob und Samuel Schuler ganz natürlich und durchaus auch mit einer großen Selbstverständlichkeit an das Thema Familienunternehmen herangeführt wurden, empfanden sie zumindest anfänglich keine vorhandene Verpflichtung. Der Startpunkt ins Familienunternehmen war für Jakob Schuler der Herzinfarkt seines Vaters. Dieser hat ihn als eine Art Schlüsselereignis nach dem Absolvieren der Offiziersschule zum Eintritt ins Familienunternehmen bewogen. Die These des Zwangs verneint er aber klar: „Ja, Not, und… es ist keine Not gewesen. Der Vater hat gesagt „Nein, nein, du machst jetzt eine Ausbildung". Nein, das hat nicht sein müssen". Oder an anderer Stelle: „Es hat mich niemand gezwungen. Es war eine freie Wahl. Später wird es dann zu einer Verpflichtung".

Zitelmann fand in seiner Arbeit auch Hinweise, dass Unternehmerpersönlichkeiten auf eine gewisse Art und Weise rebellisch sind und Schwierigkeiten zeigen, sich in bestehende Strukturen einzuordnen (Zitelmann, 2017, S. 224). Im Kontext des klassischen Unternehmertums, durchaus aber auch im Familienunternehmen, könnte dies bedeuten: eine Entscheidung **gegen** das Leben als Angestellter und damit nur indirekt **für** das Leben als Unternehmer. Jakob Schuler fand die Motivation in der Möglichkeit, selbst etwas zu bewegen: „Es hat so viel zum Anpacken gegeben. Man konnte immer etwas mehr machen, etwas besser machen. Es ist sehr spannend gewesen. Es ist aber auch eine gute Zeit gewesen in den 70er-Jahren". Ähnlich äußert sich auch Samuel Schuler: „Ausgelernt hat man in der Weinwelt nie. Die lässt sich in einem Menschenleben nicht erschließen. Das finde ich auch so faszinierend. Allen Respekt vor den sog. Weinexperten, aber schlussendlich ist das ein Abenteuer, sowohl für den Konsumenten als auch für uns". Und auch die Frage nach der Verpflichtung wird von ihm eher verneinend beantwortet.

4.4.3 Die Rolle bewusster Zielsetzung

Heute spielt die exakte schriftliche Fixierung von Jahreszielen im Prozess des Performance Managements bei vielen Firmen eine große Rolle. Sogenannte SMARTe Zielsetzungsstrategien werden in unzähligen Seminaren als Erfolgsgarant gelehrt und gelernt (SMART (je nach Interpretation): Specific, Measurable, Archievable, Realistic, Timely). Auch für viele Interviewpartner von Zitelmann spielte die exakte schriftliche Fixierung von persönlichen Lebens-, Jahres-, Monates- oder Tageszielen eine große Rolle (Zitelmann, 2017, S. 239–241). Einige formulierten auch Umsatzziele für ihr Unternehmen, nicht aber spezifisch für sich als Individuum (Zitelmann, 2017, S. 240). Im Interview mit Jakob und Samuel Schuler wurde das Thema Zielsetzungen nicht explizit angesprochen.

4.4.4 Die Bedeutung von Geld

Vermutlich gerade in jungen Jahren ist auch das Thema Geld ein zentrales Motiv, um sich auf das Wagnis Unternehmertum einzulassen. So suggerieren etwa die Erfolgsgeschichten junger Unternehmer aus dem Silicon Valley das schnelle Geld. Oft vergessen wird dabei der große Aufwand, das Risiko und vielleicht auch das Quäntchen Glück, das diese Unternehmer im Vergleich zu vielen anderen Abenteurern zum Erfolg geführt hat. Im deutschsprachigen, v. a. auch im schweizerischen Kulturkreis gilt es als unhöflich, das Thema Geld zu direkt anzusprechen. Aus diesem und anderen Gründen besteht auch ein gewisses Risiko sozial erwünschter Antworten, wenn dieses Thema zu direkt angesprochen wird. Diese negative Konnotation hat sich das Thema Geld eigentlich zu Unrecht eingehandelt. So ermöglicht Geld zwar einerseits die Befriedigung von egoistischen Eigeninteressen, andererseits aber auch die Förderung von gesamtgesellschaftlichen Interessen, wie die Beispiele vieler erfolgreicher Unternehmer von Bill Gates bis hin zu Mark Zuckerberg eindrücklich zeigen. Dennoch spielte für 10 der von Zitelmann interviewten Personen auch der Wunsch „sich schöne Dinge zu leisten" eine große Rolle (Zitelmann, 2017, S. 251). Diese Motivation wurde von Jakob und Samuel Schuler an keiner Stelle angesprochen, auch wenn wir uns den im hiesigen Kontext geltenden Höflichkeitsgepflogenheiten folgend auch nicht gewagt hätten, danach zu fragen. Ganz generell machen die Schulers einen sehr geerdeten Eindruck. Interessanterweise scheint für Jakob Schuler auch im Kontext von Wein, den man ja durchaus als Luxusprodukt verstehen kann, nicht die Assoziation des antiken Hedonismus im Mittelpunkt zu sehen: „Es [das Weingeschenk – Anm. d. Verf.] ist etwas Gesellschaftliches, das man zusammen genießt. Geselligkeit ist auch eine Botschaft, die mitschwingt bei einem Weingeschenk". Das Gesellschaftliche, das Familiäre ist den Schulers wichtig: „Es gab auch Phasen, wo ich schlecht geschlafen habe und nicht wusste, ob ich die Löhne bezahlen kann. [...] Dann mussten wir die Leute verabschieden, das war sehr hart. [...] Ja, ich habe alle persönlich gekannt, auch die Familie gekannt, und hier die Auswahl zu treffen war schwierig. So musste ich mich auch für Leute entscheiden, die zum Teil sehr lange mit mir unterwegs gewesen waren. Auf der anderen Seite wären Leute verabschiedet worden, die Familienverpflichtungen hatten. Das war schwierig in all diesen Jahren", sagt ein nachdenklicher Jakob Schuler. Dass den Schulers die Familie wichtig ist, merkt man an vielen Stellen. So bemerkte Jakob Schuler etwa auch: „Wir sind nicht nur ein Familienunternehmen, wir sind eine große Familie. Ich kannte, als ich noch im Unternehmen arbeitete, alle Beschäftigten persönlich. Auch ihre Familien".

Die Bedeutung von Geld und die Motivation dieses zu besitzen ist, wie im Eingang dieses Unterkapitels erwähnt, aber nicht nur im Kontrast zwischen Sozialem und dem Wunsch nach egoistischer Bedürfnisbefriedigung zu verorten. Zitelmann fand in seiner Studie zur Frage nach der Bedeutung von Geld die größte Zustimmung im Kontext von „Freiheit und Unabhängigkeit" gefolgt von der „Möglichkeit, mit dem Geld neue Dinge anzupacken, zu investieren" (Zitelmann, 2017, S. 252). Die Wichtigkeit von Freiheit und Unabhängigkeit ist auch bei Jakob Schuler deutlich zu spüren: „Ich habe für mich immer die Einstellung gehabt, das [Familienunternehmen – Anm. d. Verf.] reizt mich und ist sautoll, aber wenn mich mein Vater nicht unterstützt hätte und mir viele Freiheiten gelassen hätte, wäre ich wahrscheinlich ausgestiegen und hätte ein anderes Unternehmen gegründet. Das habe ich mir ein paarmal gesagt". Auch Samuel Schuler weist darauf hin, dass die Freiheit und Unabhängigkeit, sich auch mit eigenen Ideen zu beschäftigen, für ihn wichtig ist: „Was mich auch reizen würde wäre, eine eigene Idee umzusetzen, was ich natürlich habe und was eigentlich nichts mit Wein zu tun hat, was ich so für mich ausdenke oder mit Freunden von mir zusammen ausdenke. Ich habe einen Fulltime-Job, der mich voll erfüllt und ich weiß auch, der Fokus ist da... Aber würde da etwas passieren, auf der grünen Wiese, dann würde mich das am meisten reizen. Etwas Eigenes machen".

4.5 Die Bedeutung verkäuferischer Fähigkeiten für den finanziellen Erfolg

Unternehmerin bzw. Unternehmer zu sein bedeutet immer auch Ideen, Dienstleistungen bzw. Produkte zu verkaufen. Dies setzt die Fähigkeit voraus, andere vom Nutzen des eigenen Angebots zu überzeugen. Verkäuferische Fähigkeiten, schön umschrieben auch durch das Bild des Händlers, gehören zu den zentralen Fähigkeiten des erfolgreichen Unternehmers, der erfolgreichen Unternehmerin (Zitelmann, 2017, S. 272). Dabei geht es nicht nur um den reinen Akt des eigentlichen Verkaufs. Vielmehr werden von Zitelmann auch Fähigkeiten wie das Überzeugen und die psychologische Fähigkeit der Empathie angesprochen (Zitelmann, 2017, S. 272–273). In der Geschichte der Familie Schuler waren der Verkauf und der Handel schon immer zentrale Elemente. Dies gilt auch dann noch, wenn neuere Entwicklungen vermehrt Richtung Produktion gehen: „[…] zuerst immer wieder mit dem Handel mit anderen Gütern, dann auch mit Banken, Käse, etc. In der letzten Zeit sind wir mehr auch in Richtung Produktion gegangen, sind in Italien und im Wallis sogar selber Produzent geworden, indem wir sehr viel mehr mit unseren Partnern in den Weingütern in die Tiefe gehen, auf dem Weinberg zusammenarbeiten. Das ist die jetzige Innovation gegenüber früher, wo reiner Handel war, wo wir kauften und verkauften", sagt Jakob Schuler. Die Fähigkeit des erfolgreichen Handelns und Verkaufens ist und war also auch für die Familie Schuler immer von zentraler Bedeutung für den eigenen Erfolg.

4.6 Die Rolle von Optimismus und Selbstwirksamkeit

» Die These, dass Unternehmer überaus optimistisch sind, konnte für die hochvermögenden Unternehmer und Investoren eindeutig bestätigt werden. Es gab kein Merkmal in allen Interviewfragen, bei dem sich fast alle Befragten so einig waren wie in der Selbsteinschätzung, dass sie ganz besonders optimistisch seien. (Zitelmann, 2017, S. 284)

Dies bestätigt uns auch Samuel Schuler: „Man geht ja davon aus als Unternehmer, dass es in der eigenen Hand ist, dass, wenn man anpackt und was macht und eine Idee hat, dass das auch gut kommt, also ich denke, wir sind auch grenzenlose Optimisten. Das würde ich von dir [Jakob Schuler – Anm. d. Verf.] sagen und ich sehe auch mich so". Wenn Negativität und Pessimismus dazu führen, dass große Herausforderungen nicht angepackt werden, so ist es sicherlich ein Vorteil, wenn man als Unternehmerin und Unternehmer optimistisch an ein neues Unterfangen herantritt. Optimismus in diesem Sinne kann auch als Selbstwirksamkeit verstanden werden. Selbstwirksamkeit bedeutet, dass man sich zutraut, auch komplexe Problemsituationen zu meistern (Zitelmann, 2017, S. 285). Auf der anderen Seite besteht bei einem grenzenlosen Optimismus natürlich auch die Gefahr, wichtige Alarmsignale zu ignorieren und Gefahren zu unterschätzen. Dem Umgang mit Risiko und Gefahren widmen wir uns im nächsten Unterkapitel.

4.7 Die Risikoorientierung

Zum Thema Risiko hat Samuel Schuler eine unmissverständliche Sichtweise: „Risikobereitschaft und auch das Bewusstsein, dass man hin und wieder scheitert – ohne Scheitern geht es nicht. Und wenn ein Junger nur den Glanz und die Glorie sieht, muss er erst in sich gehen und sich klar darüber werden: Bin ich auch ein risikobereiter Mensch? Risikobereit nicht im Sinne von naiv alles auf eine Karte setzen im Spielkasino, aber bin ich auch bereit, da und dort etwas zu verlieren, wenn ich etwas probiert habe? Ich kann das durchaus von mir sagen. Ich bin definitiv nicht der Sicherheitsmensch, der nur die sichere Schiene fährt. Ich suche also nicht den Job beim Bund und es muss immer alles perfekt sein. Ich schätze das Risiko natürlich ab, aber ich glaube, die Risikobereitschaft im Grunde, so einfach sich das anhört, darüber muss man sich im Klaren sein". Rainer Zitelmann vermutet, dass eine hohe Risikobereitschaft gerade in der Anfangsphase eines Unternehmens verbunden mit einer späteren Risikoreduktion für den finanziellen Erfolg zentral ist (Zitelmann, 2017, S. 301). Grundsätzlich zeigen auch die Ergebnisse von Zitelmann ähnlich wie bei Samuel Schuler, dass die meisten Interviewten ihr eigenes Risikoprofil als (sehr) hoch einschätzen und sich durchaus auch bewusst sind, große Risiken eingegangen zu sein (Zitelmann, 2017, S. 301–302).

4.8 Das Verhältnis von analytischen und intuitiven („Bauch"-)Entscheidungen

Obwohl von den 45 von Zitelmann Interviewten „nur" 24 erklärten, dass bei ihnen Bauchentscheidungen überwiegen (bei 6 waren die Aussagen nicht klar zuordnenbar), legt seine Forschung grundsätzlich nahe, dass Unternehmerinnen und Unternehmer überwiegend intuitiv entscheiden. So gaben auch viele der analytisch geprägten Entscheider an, dass sie sich oft auf Bauchentscheidungen stützen (Zitelmann, 2017, S. 327). Hier für die Schulers eine Zuordnung zu machen, scheint den Autoren vermessen, weshalb für diesen Punkt keine weiteren Aussagen gemacht werden können.

4.9 Persönlichkeitsmerkmale: Neurotizismus, Extraversion, Offenheit, Gewissenhaftigkeit, Verträglichkeit

Bei Unternehmerpersönlichkeiten konnte von Zitelmann die stärkste Ausprägung im Bereich der Gewissenhaftigkeit (z. B. auch Fleiß, Ausdauer, Ehrgeiz und Disziplin) verortet werden (Zitelmann, 2017, S. 334). Ebenfalls stark ausgeprägt sind Faktoren wie Extraversion und Offenheit für neue Erfahrungen im Vergleich zu einem eher schwach ausgeprägten Neurotizismus und einer leicht erniedrigten Verträglichkeit (Zitelmann, 2017, S. 334). Sicherlich stark ausgeprägt ist bei Samuel Schuler die Eigenschaft der Offenheit: „Ich habe das Familienunternehmen als Kind kennengelernt und musste dann definitiv ausschwärmen und wollte vieles kennenlernen und ausprobieren. Das habe ich immer in mir gehabt, dass das etwas von großer Bedeutung ist und wo ich große Freude daran habe", oder an anderer Stelle: „[…] weil wir ja auch international verbunden sind. Das ist natürlich etwas, was mir immer gefallen hat und wo mir das Herz aufgegangen ist. Dass wir kein Schweizer Weinproduzent sind in dem Sinne, sondern wir sind mit vielen Weinbergen auf verschiedenen Kontinenten verbunden. Mein Vater hat auf Reisen gehen können, Weinreisen organisiert, und das weckte natürlich schon die Lust und das Interesse, da näher reinzuschauen und mehr zu erfahren". Die Offenheit dringt auch bei Jakob Schuler stark durch: „Eine Sache ist, dass man sehr gwunderig [neugierig – Anm. d. Verf.] ist,

Sachen ausprobiert, ergründet, Wissen, Neues kennenlernen, eine richtige Neugier für alles. Es ist ein Drang, immer wieder etwas zu machen, etwas Neues zu machen, anzupacken, und wenn das erfolgreich ist, ist es nicht mehr gleich spannend". Auch die Gewissenhaftigkeit zeigt sich deutlich, so etwa beim Thema Ausbildung. Jakob Schuler sagt: „Ich habe dann mit 21 eineinhalb Jahre da gearbeitet, bin eingestiegen und seitdem bin ich da, habe mich berufsbegleitend weitergebildet, gelernt". Auch Samuel Schuler betont die Wichtigkeit der Ausbildung: „Damals hat eigentlich immer festgestanden, die Ausbildung ist wichtig und deshalb mache ich ein Studium".

4.10 Die Ausprägung von Konfliktbereitschaft

In Bezug auf die Konfliktbereitschaft zeigt die Forschung von Zitelmann ein unausgeglichenes Bild, wobei die eher konfliktorientierten Personen im Vergleich zu den stark verträglichen Personen überwiegen (Zitelmann, 2017, S. 347). Unternehmerinnen und Unternehmer müssen konfliktbereit und konfliktfähig sein, um das Unternehmen voranzubringen. Für die Einzelperson kann dies so weit gehen, dass sie ihre eigenen Wünsche zugunsten von denjenigen des Unternehmens – und damit der Familie – zurückstellen muss. Dies war auch beim Familienunternehmen Schuler der Fall: „Früher war es eher so, dass dann eines [der Kinder – Anm. d. Verf.] ins Geschäft einsteigen musste. Mein Vater bzw. dein Großvater [an Samuel Schuler gerichtet – Anm. d. Verf.] hatte keine Wahl. Er sagte immer, er hätte lieber Elektroingenieur studiert. Das war damals, als die Radios groß im Kommen waren, und das faszinierte ihn, aber das durfte er nicht. Nachher machte er es sehr gut und sehr gern, aber er hatte keine Wahl" (Jakob Schuler). An anderer Stelle sagt er auch: „Der Geschäftsführer ist ja jetzt ein Familienexterner. Er ist eigentlich der Dritte, weil die ersten beiden nicht funktioniert haben. Die ersten zwei habe ich direkt von extern geholt. Das war ein Fehler".

Die Situation als Familie macht das Thema Konflikt nicht immer einfacher: „Ja, es gibt schon Sachen, Phasen, wo man Auseinandersetzungen hat, wo man den richtigen Weg finden muss. Es ist ja wie überall. Ja, es ist nicht immer ein Vorteil. Man geht mit Leuten in der Familie vielleicht falsch um, man schont sich, ist weniger direkt als mit Mitarbeitern" (Jakob Schuler).

4.11 Nonkonformismus, bzw. die Bereitschaft „gegen den Strom" zu schwimmen

> Von den 50 Fragen des Big-Five-Persönlichkeitstests gab es nur wenige, auf die so viele der Interviewpartner mit Zustimmung antworteten wie auf die Aussage: „Ich würde mich eher als einen Menschen bezeichnen, der es vorzieht, seine eigenen Wege zu gehen". 41 von 43 Interviewpartnern bejahten dies und nur zwei waren unentschieden. (Zitelmann, 2017, S. 361)

Zum Thema Normen meint Jakob Schuler: „Ich könnte nicht für ein Industriegut mit DIN-Normen arbeiten. Wir haben eine Vielfalt, jeder Wein ist wie ein Kind. Es gibt zum Glück keine Normen, die industriell nachgemacht werden könnten". Auch an anderer Stelle schimmert durch, dass Jakob Schuler gerne eigene Wege beschreitet: „Am schwierigsten sind die, die alles wollen, weil es der Nachbar auch hat, aber die meisten Leute treffen dann eine Auswahl und sagen, ein guter Wein ist etwas Wichtiges". Auch beim Thema Klimaerwärmung schwimmt Jakob Schuler mit seiner Meinung gegen den Strom: „Ja, es wird wahrscheinlich angenehmer. Ich bin einer von denen, der die Klimaerwärmung sehr positiv wahrnimmt, weil, das Gegenteil ist die Abkühlung, die hatten wir auch schon. Immer wenn es kälter war, gab es Seuchen und Hungersnöte, und wenn es wärmer war, gab es für alle genug zu essen. Grundsätzlich ist das etwas sehr Positives".

4.12 Der Umgang mit Krisen und Rückschlägen

Zitelmann konnte aufzeigen, dass erfolgreiche Unternehmerpersönlichkeiten ganz speziell mit Rückschlägen umgehen. So zeigen sie in Krisen oftmals eine große Nervenstärke und suchen die Gründe für den Misserfolg nicht im Außen, übernehmen also Verantwortung (Zitelmann, 2017, S. 386–387). Dass dies auch bei den Schulers oftmals der Fall war und ist, zeigen die vielen im Text schon beschriebenen Situationen (z. B. im Umgang mit wirtschaftlichen Veränderungen, Entlassungen, Führungsübergänge). Aber auch im Persönlichen werden Rückschläge von Samuel Schuler als eigene Lernerfahrungen interpretiert und nicht der Umwelt angerechnet: So ließ er sich etwa in der Vergangenheit zu sehr von anderen Menschen beeinflussen in seiner Berufswahl. Diese Erfahrung lehrte ihn, mehr auf sich selbst zu hören.

Nach dem Interview führt Samuel Schuler die Interviewerin durch das Unternehmen. Eine Wendeltreppe führt von einem Stock zum nächsten. Zuoberst ist sie gelb angestrichen und verläuft über verschiedene Orange- und Rot-Töne hinunter zu einem tiefen Bordeaux-Rot. Dies symbolisiert den Weg des Weines von der Rebe ins Glas. Im Weinkeller ertönt gedämpft klassische Musik. Jakob Schuler und seine Frau haben die Musikstücke persönlich für die Weine ausgewählt, für 24 Stunden am Tag und 365 Tage im Jahr. Vielleicht motiviert die Geschichte der Familie Schuler den einen oder andern Leser, die eine oder andere Leserin, selbst einmal Unternehmer oder Unternehmerin zu werden. Ihnen allen wünschen wir viel Erfolg und die Kraft, den Mut auch in Zeiten des Misserfolgs nicht zu verlieren.

> Ich denke, jemand, der wirklich Unternehmer werden will, dem muss man nicht groß Ratschläge geben. Wenn einer wirklich will, dann will er das und dann macht er das. (Jakob Schuler, 10. Generation SCHULER St. JakobsKellerei)

4.13 Schlussfolgerungen

- Will man das Neue ermöglichen, muss man das Alte loslassen. Vor dieser Grundherausforderung steht jedes Unternehmen. Den Wandel mit einem großen Respekt vor dem Bewährten anzugehen, erhält aber beim Familienunternehmen mit langer Tradition noch verstärkt Bedeutung. Hier treffen sich zwei soziale Systeme: das Unternehmen und die Familie. Beide gilt es mit großer Umsicht und mit großem Respekt zu pflegen.
- Im Kontext der Familie ergeben sich erste Kontakte mit dem Unternehmen schon in der frühen Kindheit. Eine Verpflichtung, ins eigene Familienunternehmen einzusteigen, scheint es bei der Familie Schuler aber nicht zu geben. Die Verpflichtung entsteht erst mit der bewussten Übernahme der Verantwortung. Diese ermöglicht es Neues zu explorieren und etwas Beständiges zu erschaffen.
- Das Wort Leidenschaft verbindet Leiden und Schaffen. Als Unternehmerin bzw. Unternehmer braucht man viel Leidenschaft. Neben dem Schaffen von Neuem gilt es auch immer wieder einmal Rückschläge („Leid") zu überwinden. Samuel und Jakob Schuler stellen sich dieser Herausforderung, indem sie Krisen mit Offenheit, Risikobereitschaft und v. a. mit viel Optimismus begegnen.
- Vieles, was eine Unternehmerin bzw. ein Unternehmer wissen und können muss, lässt sich lernen. Einstellungen und psychologische Merkmale lassen sich studieren. Letztlich gehört aber zum Wichtigsten der unbändige Wille ein Ziel zu erreichen und dies mit Disziplin zu verfolgen.

4.14 Interviewporträt Jakob und Samuel Schuler

- **Familienunternehmertum – zwischen Respekt vor dem Bewährtem und Offenheit für das Ungewisse**

Bearbeitetes Interview von Elisa Streuli mit Jakob und Samuel Schuler

Der Firmeninhaber, Jakob Schuler, vertritt in der 10. Generation die männliche Erbfolge, sein Neffe Samuel Schuler, der die Marketingabteilung leitet, gehört der 11. Generation an. Erstmals steht dem Unternehmen operativ ein Geschäftsführer vor, der bereits vorher mehrere Jahre in der Firma arbeitete, aber selbst nicht der Familie angehört. Für den vorliegenden Artikel durfte Elisa Streuli ein Gespräch mit Jakob und Samuel Schuler führen.

- **Gibt es für Familienangehörige überhaupt eine Wahl, ob sie ins Unternehmen einsteigen möchten oder nicht?**

Jakob Schuler: Früher gab es das nicht. Auch mein Vater wäre gerne Elektroingenieur geworden. Damals waren Radios groß am Kommen. Er hatte zwei Schwestern, aber das war damals undenkbar, dass eine Frau das Geschäft übernehmen würde, und sein Bruder war schwer behindert. So musste er das Geschäft übernehmen. Das tat er dann sehr gut und auch gerne, aber ursprünglich war es nicht sein Wunsch. Ich weiß nicht, was er gemacht hätte, wenn von uns drei Söhnen niemand die Nachfolge übernommen hätte, aber wir hatten alle die Wahl: Der eine Bruder, Samuels Vater, ist ins Hotelfach eingestiegen, der andere Bruder hat ein eigenes Weingut. Ich war 21 Jahre alt und gerade am Schluss der Offiziersschule, als mein Vater plötzlich einen Herzinfarkt erlitt. Deshalb ging ich sofort ins Unternehmen. Damals dachte ich, es sei für ein Jahr, bis unser Vater wieder gesund wurde, doch daraus wurden 40 Jahre. Ich wollte nicht mehr weg, es gab so viel anzupacken! Mein Vater meinte, ich solle zuerst eine Ausbildung machen, aber ich wollte im Unternehmen bleiben und bildete mich berufsbegleitend weiter. Somit hatte auch ich die Wahl. Allerdings hat mich mein Vater immer sehr unterstützt, ließ mir viele Freiheiten, ließ mich ausprobieren. Wenn das nicht gewesen wäre, dann wäre ich wieder ausgestiegen und hätte selbst etwas gegründet. Wirtschaftlich war es eine gute Zeit, alles ist überall gestiegen, das ist mir erst später bewusst geworden. Es war damals einfach, ein Geschäft gut zu führen.

Von unseren drei Kindern ist die eine Tochter im Verwaltungsrat. Aber operativ möchte niemand im Geschäft tätig sein, das ist zu akzeptieren. Natürlich hätten wir uns das gewünscht, aber es wäre sehr unklug, jemanden zu zwingen. Für das Unternehmen und auch für die Person selbst. Wir haben uns deshalb bewusst für einen Geschäftsführer von außerhalb der Familie entschieden, der seit Langem in unserem Unternehmen arbeitet. Das gibt meinem Neffen etwas Luft, damit er für die Nachfolge gut vorbereitet ist.

Samuel Schuler: Als Kind ging ich jeweils mit dem Vater am Samstagmorgen ins Büro, nahm dort den Geschmack, den Geruch wahr, durfte an Sankt Nikolausfeiern und Personalfesten teilnehmen. Ich kannte die Leute und wenn der Vater von seinen Weinreisen nach Frankreich, nach Südafrika, heimkam, brachte er Fotos und Geschenke mit – das hat mich immer fasziniert und so bin ich in diese Welt hineingewachsen. Aber es war überhaupt nicht von Anfang an klar, ob ich ins Weingeschäft einsteigen möchte. Ich habe Ökonomie studiert, ging in den Ferien mit meinem verdienten Sackgeld auf Reisen, wollte ausschwärmen, kennenlernen und ausprobieren. Für ein anderes Unternehmen durfte ich die Marketingabteilung leiten. Und gleichzeitig war mir immer bewusst, dass unser Familienunternehmen etwas von großer Bedeutung ist, wo ich auch sehr stolz darauf bin, ein Teil davon zu sein und wo es mich dann immer mehr nach Hause gezogen hat mit all den Erfahrungen, die ich gemacht habe.

- **Mit mehr als 300 Jahren Geschichte ist der Name ja auch eine Verpflichtung. Wird die Verantwortung zur Bürde**

Jakob Schuler: Zuerst war es eine Wahl. Wenn man sich dann eingearbeitet hat, wird es zur Verpflichtung. Ich habe einen riesengroßen Respekt davor, was unsere Vorfahren geleistet haben. Nie kam etwas von selbst und es gab immer Höhen und Tiefen. In den 1970er-, 1980er-Jahren war eine Boomphase. Wir sind stetig gewachsen und hatten immer zu wenig Leute. Damals haben wir auch

Menschen eingestellt, die einfach froh waren, dass sie irgendwo Arbeit hatten. Wir mussten nicht auf die Kostenseite schauen. Wir haben alle Leute behalten und irgendwann ging das nicht mehr. Es gab Phasen, wo ich schlecht geschlafen habe und nicht wusste, ob ich die Löhne bezahlen kann. Im Bereich Lager und Logistik mussten wir einmal vier Leute verabschieden. Hier die Auswahl zu treffen war sehr hart. Natürlich kannte ich alle persönlich, auch ihre Familien. Welche vier sind jetzt das? Sind das Leute, die 15, 20 Jahre im Unternehmen sind, oder ist das ein Junger, der erst drei Jahre da ist? Und ich musste mich für Leute entscheiden, die zum Teil sehr lange mit mir unterwegs waren. Sonst hätte ich Leute mit Familienverpflichtungen verabschieden müssen. Mit allen habe ich das persönlich besprochen. Drei von den Vier kommen mittlerweile wieder mit uns auf den Pensioniertenausflug. Das zeigt doch, dass die Verbundenheit irgendwie geblieben ist.

Samuel Schuler: Wir stehen täglich hart im Wettbewerb in der Schweiz mit 3 000 anderen Weinanbietern. Das gibt eine riesen Angebotsflut, die auf die Konsumenten niederprasselt. Wir müssen dem Kunden immer wieder erfahrbar machen, wofür Schuler steht, und das immer wieder neu definieren und bestätigen. Wir stehen für Geschichte, für Tradition und für Qualität. Unsere Kunden sind unsere Arbeitgeber. Das ist uns sehr bewusst. Unterschiedliche Kunden unterschiedlich anzusprechen ist eine große Herausforderung, vor der ich tagtäglich stehe. Man kann nicht immer abschätzen, was gerade relevant ist für den Kunden, es spielen so viele Faktoren zusammen, das Wetter, das Angebot, die Jahreszeit. Im Direktmarketing habe ich bei jedem Weinbrief, bei jedem Telefon, bei jedem Besuch im Weinfachgeschäft die Chance, es noch besser zu machen.

- **Was braucht es, dass Sie in diesem Umfeld Erfolg haben?**

Samuel Schuler: Unternehmen hat mit Leidenschaft zu tun. Leiden und Schaffen. Man muss Feuer gefangen haben und eine Leidenschaft entwickeln, sonst funktioniert das nicht. Wein bedeutet Geselligkeit, ist international, viele Sprachen, Kulturen, wunderschöne Regionen... da geht mir extrem das Herz auf. Das sind keine normierten Schrauben, es ist eine ganze Welt. Wir sind Optimisten und werden dafür auch kritisiert. Aber wenn wir eine Idee haben und etwas anpacken, dann glauben wir daran, dass es gut kommt, weil wir überall eine Chance sehen. Und weil wir nach Rückschlägen immer wieder aufstehen und weitermachen.

Jakob Schuler: Das Unternehmen war immer sehr innovativ und hat sich dem Wandel angepasst. Wir sind in letzter Zeit vom Weinfachhandel mehr in die Produktion gegangen, haben auch eigene Weingüter, arbeiten mit unseren Partnern zum Teil als Co-Produzenten zusammen. Wir entwickeln und erschließen auch immer wieder neue Weine, wie dies der Großvater bereits mit Rioja gemacht hat. Nun sind wir in Armenien mit etwas Neuem, in China ist etwas im Aufbau, wir versuchen da, den andern voraus zu sein. Im Moment sprechen alle über den Klimawandel. Ich stehe dem sehr positiv gegenüber. Die Grenzen für guten Wein werden sich verschieben und es wird neue Gebiete geben, in denen ausgezeichneter Wein produziert wird. Es gibt Dinge, die wir nicht beeinflussen können. Wenn ein Jahrgang ausverkauft ist, können wir nicht die gleiche Serie nochmals produzieren. Und vielleicht ist der nächste Jahrgang nicht mehr so gut. Aber wir bereiten uns darauf vor, probieren immer wieder aus und entwickeln uns ständig weiter.

Der Respekt vor unseren Vorfahren, vor unseren Kunden und Mitarbeitenden ist das Wichtigste. Ein Familienunternehmen ist wie ein ganz wertvolles Erbstück, das man sorgfältig hütet und pflegt und dann weitergibt. Ich bin ja nicht der Alleinbesitzer. Ich bin der Statthalter für eine Generation.

Samuel Schuler: Von Generationen für Generationen. Das ist unsere Verpflichtung und dafür stehen wir ein.

Literatur

McCrae, R.R., & Costa, P.T. (1987). Validation of the five-factor Model of personality across instruments and observers. *Journal of Personality and Social Psychology*. US: American Psychological Association. https://doi.org/10.1037/0022-3514.52.1.81

Zitelmann, R. (2017). *Psychologie der Superreichen: Das verborgene Wissen der Vermögenselite*. München: FinanzBuch Verlag.

Der Erfolg kommt nicht von allein – Im Gespräch mit Unternehmerinnen und Unternehmern

Elisa Streuli

5.1 Die Menschen hinter den Unternehmen – 38
5.1.1 Gabi Mächler von „Mächler macht." – die Anpackerin, wo Not am System ist – 38
5.1.2 Ivan Blatter, Berater für modernes Zeitmanagement: „Ich schätze die Freiheit zu tun, was mir wichtig ist und mir Spaß macht." – 40
5.1.3 Christoph Ammann, Geschäftsführer der FILADOS AG und der CAFÉAU AG – 43
5.1.4 Katja Müggler, Geschäftsleiterin von Proitera, Unternehmen für Betriebliche Sozialberatung: „Wer die Türen zum Erfolg öffnet, der wird auch selbst reingelassen." – 45
5.1.5 Stride – unSchool for Entrepreneurial Leadership – „Wir möchten Menschen dazu befähigen, die Welt positiv mitzugestalten." – 47
5.1.6 Nelly Riggenbach – Intrapreneurin und Innovatorin des bewegten Bildes: „Jeder Chef hört einem zu, wenn man ihm hilft, Geld zu verdienen." – 49

5.2 Gemeinsamkeiten – was auffällt – 51

Literatur – 52

© Springer-Verlag GmbH Deutschland 2018
C. Negri (Hrsg.), *Psychologie des Unternehmertums*, Der Mensch im Unternehmen: Impulse für Fach- und Führungskräfte, https://doi.org/10.1007/978-3-662-56021-1_5

Ein Blick in die Statistik zeigt, dass in der Schweiz rund 578 000 Unternehmen angesiedelt sind. Bei den allermeisten – d. h. 98% – handelt es sich um Kleinunternehmen mit weniger als 50 Beschäftigten und knapp die Hälfte aller Unternehmen besteht aus einer einzigen Person (KMU-Portal 2016). Diese Zahlen mögen erstaunen, gerade weil in der öffentlichen Berichterstattung weit häufiger von den übrigen 2% – d. h. den mittleren und v. a. den Großunternehmen die Rede ist.

Doch auch den Unternehmerinnen und Unternehmern der kleineren Betriebe ist gemeinsam, dass sie sich Tag für Tag in unterschiedlichen Branchen, aber durchwegs auf einem hart umkämpften Markt bewähren müssen und dass sie Verantwortung für ihre Produkte und Dienstleistungen, für den Fortbestand ihrer Firma und für das Auskommen ihrer Mitarbeitenden übernehmen.

Wer sind diese Menschen, die sich mit Leidenschaft und Engagement dieser Herausforderung stellen und was treibt sie an? Aus der Vielzahl der Unternehmerinnen und Unternehmer hat die Autorin mit ganz unterschiedlichen Persönlichkeiten gesprochen:

Gabi Mächler (Mächler macht.), Ivan Blatter (IvanBlatter), Christoph Ammann (Filados und Caféau) Katja Müggler (Proitera), Anaïs Sägesser, Björn Müller und Niels Rot (Stride unSchool of Entrepreneurial Leadership), Nelly Riggenbach (Chimney Group Basel) – das sind zwei Einpersonenunternehmende, zwei Geschäftsführende von Kleinunternehmen, ein Dreierteam und eine Intrapreneurin.

Daraus sind sechs Porträts entstanden. Sie haben keinen Anspruch auf Repräsentativität, doch sie sollen exemplarisch zeigen, was es bedeutet, eine Unternehmerin oder ein Unternehmer zu sein.

5.1 Die Menschen hinter den Unternehmen

5.1.1 Gabi Mächler von „Mächler macht." – die Anpackerin, wo Not am System ist

Gabi Mächler ist Geschäftsführerin von „Mächler macht.", einer Einzelfirma für Interimsmanagement, Führungsunterstützung und Projektmanagement in Non-Profit-Organisationen. Die Gründung einer eigenen Firma entspringt einer Verkettung von verschiedenen Zufällen. Der Erfolg scheint auf den ersten Blick ebenfalls eher zufällig, erweist sich aber bei näherer Betrachtung als logische Konsequenz aus allen gesammelten Tätigkeiten und Erfahrungen.

Vor ihrer Selbstständigkeit arbeitete Gabi Mächler in verschiedenen Führungspositionen der öffentlichen Verwaltung und bei einem Versicherungsunternehmen, gehörte dem kantonalen Parlament an und hatte u. a. die Suchthilfe Region Basel als Geschäftsführerin aufgebaut. Auf all ihren Stationen sammelte sie Erfahrungen im Aufbau von Strukturen, in der strategischen Planung und in der Zusammenarbeit mit verschiedenen Menschen mit unterschiedlichen Interessen. Darüber hinaus arbeitete sie bezahlt und ehrenamtlich mit verschiedenen sozialen Organisationen und Stiftungen zusammen.

Erfolgsfaktoren von „Mächler macht." sind Vertrauen durch langjährige Zusammenarbeit, ein großer Bekanntheitsgrad, die Fokussierung auf das eigene Erfahrungsgebiet im Sozial- und Gesundheitswesen sowie die Fähigkeit, strategische Weitsicht und direkte pragmatische Hilfe im richtigen Verhältnis zu dosieren.

Hinzu kommt das Umfeld: Gabi Mächler ist in einem Erfolgsteam mit zwei anderen Selbstständigen, die sich gegenseitig beraten und unterstützen. Sie haben jeweils ein „Beratungskonto" mit einer Anzahl von Stunden, die sie voneinander beziehen können. Ihre Freundinnen und auch ihr Mann stehen voll und ganz hinter ihren Anliegen. Neben der Arbeit treibt sie regelmäßig Sport, ist Mitglied in einem Chor und nimmt an Jassturnieren von Bekannten teil (und gewinnt gerne). Berufliche, politische und private Netzwerke greifen ineinander und Gabi Mächler pflegt sie sorgfältig und gerne. Doch in erster Linie schöpft sie ihre Energie daraus, dass sie mit ihrer Arbeit einen Beitrag leisten kann für gesellschaftliche Aufgaben, die ihr selbst am Herzen liegen. Und es freut sie jedes Mal, wenn sie schon nach wenigen Tagen, aber auch noch Jahre später sehen kann, wie sich eine schwierige Situation zum Guten gewendet hat.

- **Was hat dich dazu gebracht, deinen sicheren und gut bezahlten Führungsjob zu verlassen und ein Unternehmen zu gründen?**

Ich hatte lange an meiner vorhergehenden Stelle gearbeitet und es war an der Zeit, etwas Neues zu suchen. Der Auslöser war meine beste Freundin, die sagte, dass sie bei mir keine richtige Freude mehr spüre, wenn ich von meiner Arbeit sprach. Das war für mich ein Weckruf, der mir zeigte, dass ich mich mit 50 Jahren nochmals verändern musste, denn ich wollte nicht bis zur Pensionierung so weiterarbeiten.

Die ausgeschriebenen Stellen haben mich alle nicht so richtig angesprochen, aber mich selbstständig machen wollte ich auch nicht. Es war wieder meine beste Freundin, die vorschlug, gemeinsam ein Unternehmen zu gründen. Wir haben sofort eine Homepage reserviert: „Die Macherinnen", und einen ausgefeilten Businessplan erarbeitet. Bald stellten wir fest, dass die Finanzierung wohl nicht so einfach wäre. Meine Freundin hat drei Kinder, hohe Fixkosten und hat sich nach einem halben Jahr aus dem gemeinsamen Projekt zurückgezogen. Das war damals eine große Enttäuschung, aber der Samen für meine Selbstständigkeit war gesät und ich kündigte meinen Job, ohne zu wissen, was danach kommen würde.

Im Sommer 2015 ging ich auf den Jakobsweg mit dem Vorsatz, dass ich nach meiner Rückkehr den Businessplan aufstellen und mit der Akquise beginnen wollte. Mitten in Südfrankreich kam ein Anruf von jemandem aus einer Organisation, bei der ich vorher hauptsächlich ehrenamtlich tätig war. Sie hatte von meinen Plänen gehört und fragte mich bereits für meinen ersten Auftrag an. Nach meiner Rückkehr musste ich schnell meine Homepage erstellen: Was macht mich aus, womit will ich mich präsentieren? Das war ein wichtiger Prozess. „Mächler macht." – nicht minimalistisch und nicht überkandidelt. Ich packe selbst an – die Webseite ist kongruent mit dem, wie ich mich auf dem Markt präsentieren will.

Somit war es Zufall und der erste große Auftrag kam viel schneller, als ich es erwartet hatte. Und er kam in einem Bereich, der mir sehr am Herzen liegt: Es ging um die Platzierung von Flüchtlingen und ich konnte etwas dazu beitragen.

Meine Auftraggeber wissen, wie ich arbeite. Es ist mein großes „Asset", dass ich in dem Bereich, in dem ich tätig bin, sehr gut vernetzt bin und seit 25 Jahren mit vielen Leuten bereits in ähnlichen Bereichen zusammengearbeitet habe. Sie kennen mich und wissen, dass sie mir vertrauen können.

- **Was sind das für Aufträge?**

Meine Aufträge sind sehr vielfältig. Ich habe zwei Dauermandate: ein Verwaltungsratsmandat in einer Privatorganisation und ein Teilzeit-Vereinspräsidium in einer größeren Gesundheitsorganisation. Die anderen Aufträge sind temporär und dauern von einem Tag bis zu mehrere Monate. Zum Beispiel habe ich interimistisch die Geschäftsführung einer Non-Profit-Organisation übernommen, den Nekrolog für die verstorbene Mutter erstellt und geholfen, Ordnung in die Buchhaltung eines Vereins zu bringen. Oder eine Interessengemeinschaft brauchte dringend jemanden wegen der Geschäftsführung, die krankheitsbedingt ausgefallen war: Nach dem ersten Gespräch blieb ich gleich dort und schrieb das Protokoll für die Vorstandssitzung und sprach mit den Mitarbeitenden. Ich ging in die Geschäftsstelle hinein und wusste genau wie es funktioniert, was es braucht, um hier einen guten Rahmen zu geben.

Ich war wie der Fisch im Wasser: Genau so habe ich mir das vorgestellt! Ich bin nicht die klassische Unternehmensberaterin, sondern ich bin die, die zupacken kann, und mein Know-how liegt im Gesundheits- und im Sozialbereich.

Das Interimsmanagement liegt mir sehr. Die Leute sind extrem dankbar, wenn die Geschäftsführerin zwei Monate ausgefallen ist und ich komme und sage: Keine Sorge, gebt es einfach mir, ich kümmere mich darum, und etwas Ruhe hineinbringe. Es ist die ganze Palette von „welche Rechnungen müssen abgezeichnet werden?" bis zur zweitägigen Klausursitzung über die Prozesse des Unternehmens. Es ist eine Mischung aus langfristigen Überlegungen, wie beispielsweise das Projektmanagement mit den beschränkten Ressourcen sinnvollerweise aufgebaut wird, und der unmittelbar relevanten Frage, was dem Unternehmen in diesem Moment am meisten dient. Wenn es darum geht, Führungsstrukturen aufrechtzuerhalten, fällt es einem natürlich leichter, wenn man auch die Player kennt. Wenn man eine Informations-Mail abschickt, weiß die Hälfte der Leute, wer ich bin, das ist sehr angenehm.

- **Das heißt, Du warst bereits nach dem ersten Geschäftsjahr rundum ausgelastet?**

Langweilig wird es mir nie, ich habe immer viele Ideen. Aber nach einem Jahr waren plötzlich alle temporären Aufträge abgeschlossen. Und es kam ein paar Wochen lang nichts. Da wurde ich schon langsam nervös. Innerhalb von zwei Tagen kamen plötzlich zwei Aufträge, aber mit diesen Höhen und Tiefen muss man leben lernen. Die beiden Dauermandate decken gerade den Grundbedarf für mich selbst. Das ist extrem beruhigend. Gerne hätte ich ein drittes Dauermandat, das mir noch etwas Luft gibt für weitere Ausgaben, z. B. ein weiteres Verwaltungsratsmandat. Das entspricht mir ebenfalls sehr. Da bin ich nicht die Macherin, sondern die Strategin und unterstütze die Geschäftsleitung mit meinem politischen Erfahrungshintergrund.

Zurzeit absolviere ich eine Ausbildung in lösungsorientiertem Coaching. Es ist eine Haltung, dass die Ressourcen bei den Leuten selbst liegen. Davon bin ich überzeugt: Wenn die Auftraggeber ein Formular wollen, dann bekommen sie das. Manchmal musst du die Arbeit für die Leute übernehmen, aber langfristig musst du sie darin unterstützen, selbst wieder handlungsfähig zu werden. Es gibt Dinge, die für viele sehr mühsam sind, und mir fallen sie sehr leicht. Das möchte ich anderen zur Verfügung stellen.

5.1.2 Ivan Blatter, Berater für modernes Zeitmanagement: „Ich schätze die Freiheit zu tun, was mir wichtig ist und mir Spaß macht."

Ivan Blatter ist ein Einzelunternehmer und Berater für modernes Zeitmanagement. Er verwendet diesen Begriff, weil alle sofort etwas darunter verstehen, aber er gefällt ihm eigentlich nicht: Die Idee, man könne seinen Tag vorhersehbar planen und einteilen, hält er in der heutigen Zeit für

> eine Illusion. Vielmehr möchte er Menschen dabei helfen, sich Zeit für das zu nehmen, was ihnen wirklich wichtig ist. Die Frage „wieviel ist genug?" ist Ivan Blatter wichtiger als „wieviel ist möglichst viel?" Seine Kundschaft besteht v. a. aus Einzelunternehmern wie er selbst einer ist – so probiert er jeden Tag an sich selbst aus, was er andern online und vor Ort vermittelt.

Ein Unternehmen zu gründen und selbstständig zu sein war nie Ivan Blatters Wunsch. Auf die Idee kam er, als er sich in einer Übung zur Persönlichkeitsentwicklung 100 Ziele aufschreiben musste. Hier hatte er das Schlüsselerlebnis, dass sich die meisten seiner wichtigsten Ziele mit dem Wert „Freiheit" umschreiben ließen. Die Freiheit, etwas zu tun, das ihm Spaß macht und ihn erfüllt, war für ihn auch an die Frage gekoppelt, wie er seine Zeit so verbringen kann, dass sie sich mit seinem Wunsch nach Freiheit möglichst gut vereinbaren lässt. Bereits in der Schule hatte er sich mit effizientem Lernen auseinandergesetzt und sich bereits einiges an Wissen zur effektiven Zeitverwendung angeeignet. Dies wollte er weiter ausbauen und seine Erkenntnisse auch für andere individuell nutzbar machen.

Ivan Blatter war damals noch angestellt und hatte ein festes Einkommen. So konnte er sich allmählich ein zweites Standbein aufbauen und ausprobieren, was funktionierte und was nicht. Er schrieb einen Blog zum Thema Zeitmanagement und erhielt bald darauf seinen ersten Auftrag. Damit wurde der Grundstein zu seiner heutigen Selbstständigkeit gelegt. Zu Beginn führte er v. a. klassische Präsenztrainings und -coachings durch. Doch er erkannte bald, dass ihm die Kaltakquise nicht zusagte, ebenso wenig das Netzwerken, um an neue Aufträge heranzukommen. So verlagerte er seine Dienstleistung vermehrt auf die Online-Kommunikation: Blogs, Videos, Webinare, Online-Kurse und Skype-Beratung. Die Kundenbasis in seinem geografischen Umfeld ist überschaubar, dafür verkauft er seine Online-Lehrgänge weit über Europa hinaus. Das hat den großen Vorteil der Skalierbarkeit – für Online-Kurse gibt es (fast) keine Grenzen. Dennoch möchte er weiterhin im direkten Kontakt mit seinen Kunden sein und führt deshalb auch weiterhin Coachings und Trainings durch. Hier hat Ivan Blatter immer wieder seine Erfolgsmomente:

„Mein ganz persönliches Highlight ist immer, wenn ich merke, nun hat sich etwas bei jemandem verändert. Wenn du in den Augen merkst: Irgendetwas ist passiert! Ein gutes Zeitmanagement hat eigentlich gar nicht so viel mit Methoden oder Tools zu tun, sondern es findet im Kopf statt. Es hat viel mit Glaubenssätzen, mit Einstellungen zu tun. Und wenn es mir im Coaching oder in einem Seminar gelingt, so ein Lämpchen anzuzünden, das merkst du, du siehst es an der Körpersprache oder an den Äußerungen, das ist jedes Mal ein ganz spezieller Moment. Manchmal sagen sie nichts, aber du merkst: Jetzt ist etwas aufgeblitzt in den Augen! Eigentlich sind es ja nur kleine Gewohnheitsänderungen, die aber enorm viel bewirken."

Das kann z. B. ein Morgenritual sein, die Art der Pausengestaltung, den „Produktivitäts-Booster" zur Rhythmisierung der Arbeit, der Umgang mit E-Mails etc.

Ivan Blatter möchte nur zufriedene Kunden und begrüßt deshalb das Widerrufsrecht, mit dem Kunden bei Nichtgefallen ein Produkt wieder zurückschicken können. Das passiert zum Glück sehr selten. Umso mehr freut er sich darüber, dass einige Kunden von sich aus Rundmails verschicken und seine Tipps weiterempfehlen.

Zu den Erfolgsfaktoren von Einzelunternehmern gehört in den Augen von Ivan Blatter – was wohl? – ein gutes Zeitmanagement, das auf das Individuum im Sinn der Selbstführung abgestimmt ist. Sein persönliches Zeitmanagement beruht auf mehreren Säulen: eine hohe Motivation und Eigenverantwortung, eine klare Fokussierung für jeden Tag, die Abwechslung von Arbeit und Pausen sowie der gehirngerechte Umgang mit Unterbrechungen.

Die Erkenntnisse passt er laufend an die spezifischen Bedürfnisse von Einzelunternehmerinnen und -unternehmern sowie an die aktuellen technologischen Möglichkeiten an. Diese probiert er laufend an sich selbst aus und entwickelt sie weiter. Zum Beispiel möchte er während der Ferien keine Mails lesen, aber ebenso wenig möchte er nach seiner Rückkehr einen überquellenden Eingangskorb vorfinden. Die Mails einfach automatisch zu löschen in der Annahme, dass sich die Kunden ja wieder melden können, steht seinem Dienstleistungsverständnis diametral entgegen. So bietet er mittels automatischem Abwesenheitsassistenten an, in dringenden Fällen an seine spezielle Urlaubadresse zu mailen. Damit können alle einigermaßen gut leben, doch arbeitet er zurzeit an einer weiteren Verbesserung. Inzwischen hilft ihm ein virtueller Assistent, die wichtigsten Mails herauszufiltern, sodass er sich nur noch um diese selbst kümmern muss.

Ivan Blatter arbeitet sehr gerne. Sein Wunsch nach Freiheit bedeutet keineswegs, immer das zu tun, wonach einem gerade der Sinn steht. Im Gegenteil ist diese Freiheit in eine klare Struktur eingebettet, die zeitliche Gefäße für die verschiedenen Inhalte vorsieht. So hat der Unternehmer definierte Zeitfenster, in denen er operativ tätig ist, und solche, in denen er sich der Strategie widmet. Dies schafft eine Orientierung, die aber gleichzeitig so flexibel gehandhabt wird, dass er bei schönem Wetter auch unter der Woche gelegentlich einen Wandertag einlegen kann. Der Sinn dieser Strukturierung liegt darin, dass neben dem operativen Tagesgeschäft auch Zeit für Weiterbildung, Entwicklung, Aufräumarbeit und Muße bleibt.

■ **Erfolgsfaktoren**

Neben dem eigenen Zeitmanagement nennt Ivan Blatter auch andere, ebenso wichtige Erfolgsfaktoren: Er trifft sich regelmäßig mit anderen Einzelunternehmenden online in einer „Mastermind-Gruppe" mit dem Ziel, gegenseitig von den Erfahrungen als Einzelunternehmende zu profitieren. Dies erfolgt in einer lockeren Art der Intervision: Ein Mitglied sitzt auf dem „heißen Stuhl" und formuliert ein Anliegen mit dem Wunsch, von den anderen hilfreiche Ideen und Feedbacks zu erhalten. Die Gruppe wirkt unterstützend und übt dabei auch klare Kritik, um die Person auf dem heißen Stuhl in ihrer Arbeit weiterzubringen.

Auch sein privates Umfeld ist ein wichtiger Bezugspunkt, allen voran seine Frau. Sie arbeitet selbst im Angestelltenverhältnis und möchte weder das regelmäßige monatliche Einkommen noch das arbeitsfreie Wochenende gegen eine risikobehaftete Selbstständigkeit eintauschen. Doch akzeptiert sie die unregelmäßigen Arbeitszeiten ihres Partners voll. Dank ihrem Einkommen könnten finanziell schwächere Monate verkraftet werden, was bislang allerdings noch nie nötig war. Es gibt Blatter jedoch eine gewisse Sicherheit. Hinzu kommt, dass bei den 100 Zielen das Geld für Ivan Blatter weit hinten rangierte, solange der Existenzbedarf ausreichend gedeckt ist.

Einen weiteren Erfolgsfaktor sieht der Unternehmer in seinem Alleinstellungsmerkmal: Von Anfang an hat er sich klar auf das Zeitmanagement fokussiert. Er bietet keine Kommunikationskurse an, kein Konfliktmanagement und keine Kurse zur Freizeitgestaltung oder Emotionsregulation. Dadurch hat er sich einen Expertenstatus in der Schweiz geschaffen. Das Thema fasziniert ihn nach wie vor unglaublich, es entwickelt sich ständig und die Nachfrage nach Tipps für ein besseres Zeitmanagement wird nicht ausgehen – jedenfalls solange die Zeit ein knappes Gut bleibt.

> Gabi Mächler und Ivan Blatter haben aus der Not eine Tugend gemacht: Sie hatten ihre passende Stelle nicht gefunden und sie dadurch selbst geschaffen. Beide sind in der angenehmen Lage, dass sie keine Löhne auszahlen müssen und finanziell von ihren jeweiligen Partnerin bzw. ihrem Partner aufgefangen würden. Dies verschafft ihnen eine Freiheit, welche die folgenden beiden Unternehmenden nicht haben.

5.1.3 Christoph Ammann, Geschäftsführer der FILADOS AG und der CAFÉAU AG[1]

Wasseraufbereitung, leitungsgebundene Trinkwasserspender sowie hochwertige Gesamtlösungen für Wasser- und Kaffeegenuss aus einer Hand – dies ist das Angebot der Firmen „FILADOS" und „CAFÉAU". FILADOS steht für Filtration – Adoucissement – Dosage, d. h. Filtrierung, Enthärtung, Dosiertechnik. Hier werden Enthärtungsanlagen, Filtersysteme, Pumpen, Desinfektionsanlagen, aber auch Trinkwasserspender hergestellt und Wasseranalysen durchgeführt. Bedarfsgerechte und zukunftsorientierte Gesamtlösungen für die Wasseraufbereitung sind das Spezialgebiet dieses Unternehmens. CAFÉAU steht für die Kombination aus Kaffee und Wasser. Das junge Unternehmen bietet zukunftsweisende Gesamtlösungen für höchsten Kaffee- und Wassergenuss am Arbeitsplatz an.

Geschäftsführer der beiden Firmen ist der gelernte Schreiner Christoph Ammann. Bereits in seiner Jugend half er seinem Vater Filter zusammenzubauen und entwickelte so seine Liebe für alles, was mit Wasser und Wasseraufbereitung zusammenhängt. Er hat bei „FILADOS" als Angestellter das Geschäft von der Pike auf gelernt, hat sich zum Wasserfachmann und schließlich zum Betriebswirt weitergebildet und die Leitung der Firma 2007 übernommen. 2013 wurde die Abteilung, die sich mit Frischwasserdispensern beschäftigt, lanciert und im Jahr 2015 mit der Kaffeeaufbereitung – speziell für den Einsatz am Arbeitsplatz – ergänzt. In diesem Zuge wurde aus der Firma FILADOS heraus das Start-up-Unternehmen mit dem Namen „CAFÉAU" gegründet. Die beiden Unternehmen beschäftigen inzwischen rund 40 Mitarbeitende.

Ihren Anfang nahm die Firma FILADOS zu Beginn der 1950er-Jahre in einem Einfamilienhaus in Pratteln: Der Werkstattchef und der Buchhalter der Saline Pratteln betrieben hobbymäßig einen Handel mit Heizungsinstallationszubehör und gründeten dafür eine Firma im Einfamilienhaus eines Inhabers. Der Nachkriegsboom und die internationale Handelstätigkeit führten dazu, dass das Unternehmen nicht mehr nur nebenher in der Freizeit geführt werden konnte und ein Geschäftsführer mit Außendiensttätigkeit gesucht wurde. So kam Christoph Ammanns Vater zur Firma und knüpfte Kontakte zu einer deutschen Wasseraufbereitungsfirma. Er begann damit, Produkte für die Wasseraufbereitung zu importieren. Als der deutsche Lieferant in Konkurs ging, entwickelte die Schweizer Firma Ende der 1970er-Jahre eine eigene Wasseraufbereitungsproduktlinie und gab sich den Namen „FILADOS".

- **Vom Schreiner zum Wasserfachmann – was fasziniert Sie an Ihrer unternehmerischen Tätigkeit mit Wasser?**

Wie Holz ist auch Wasser etwas sehr Ursprüngliches und Natürliches. Es ist authentisch, ehrlich und nicht abgehoben. Wasser und Kaffee erlebt jeder unmittelbar. Als Unternehmer muss ich mich mit vielen verschiedenen Fragestellungen beschäftigen. Zum einen stellt sich die Frage, auf welchen Bereich sich die Firma spezialisieren soll. Weiter muss man sich darüber klar werden, ob man die gesamte Bandbreite des Marktes abdecken möchte oder ob man sich in einer Nische positioniert. Dies hat auch unmittelbaren Einfluss auf die Personalpolitik.

Mir macht es Spaß Leute zu führen und gemeinsam mit ihnen Ziele zu erreichen. Es ist vorteilhaft, wenn man Ideen hat, innovativ

---

[1] Mitarbeit: Diana Rolny

ist – wobei man dabei auch aufpassen muss, dass der Fokus richtig eingestellt wird, sodass man sich selbst wie auch die Mitarbeitenden auf dem richtigen Weg fordert und nicht überfordert. Mir gefällt es, das Gesamtgebilde Schritt für Schritt voranzubringen.

Als Unternehmer investiere ich sehr viel Zeit in die Firma. In einer anderen Funktion hätte ich bestimmt mehr Freizeit. Doch mich treibt die Leidenschaft an, die Freude, mit den Mitarbeitenden gemeinsame Ziele zu erreichen. Manchmal sind es größere, manchmal ganz kleine Ziele. Zu sehen, dass es grundsätzlich allen, die mitziehen, auch Spaß macht, wie auch zu sehen, dass wir Kunden begeistern können, das ist mein Antrieb.

- **Das klingt sehr positiv und enthusiastisch – gibt es auch Schwierigkeiten, mit denen Sie in der Führung von Mitarbeitenden konfrontiert sind?**

Gute Führung braucht Zeit – und sie verschafft Zeit. Man muss für sich herausfinden, welchen Führungsstil – autoritär oder kooperativ – man verfolgen möchte. Da kommt es auch darauf an, wieviel Zeit einem überhaupt zur Verfügung steht für die Führungsaufgabe. Die Gefahr besteht, dass die Zeit dazu häufig knapp ist. Heute ist alles schnelllebig. Das ist vom Umfeld, vom Markt und implizit dem gesellschaftlichen Wandel so gegeben. Sich diesem Zeitgeist zu entziehen ist als Teil dieses Systems nicht einfach oder möglicherweise nur mit entsprechend einschneidenden Konsequenzen denkbar.

Wir sind ein Familienbetrieb und der respektvolle Umgang und ein gutes Betriebsklima sind mir sehr wichtig. Dies kann schon mal eine Herausforderung darstellen. Besonders wenn man gewisse Ansprüche an sich selbst und auch an die Mitarbeitenden hat. Ich sage immer: Jeder, egal auf welcher Stufe, muss dem anderen ein Vorbild sein. Wenn sich jeder so bewegt und das lebt, dann können bereits 75% der möglichen Fragen oder Unstimmigkeiten eliminiert werden. Dabei spielt die Kommunikation natürlich eine sehr große Rolle.

Ich versuche mir genügend Zeit für die Führung zu nehmen, was aber auf mein eigenes Zeitbudget Auswirkungen hat, insbesondere weil ich derzeit noch stark ins Tagesgeschäft und die operativen Tätigkeiten eingebunden bin. Hier die richtige Balance zu finden ist nicht immer einfach. Das höre ich auch von Freunden, die ebenfalls führende Positionen in KMU innehaben. Man muss sich immer wieder fragen, wie und wo man sich abgrenzen kann. Abgrenzung ist nötig, um einen Ausgleich zu schaffen. Besonders wenn man wie ich mit FILADOS und CAFÉAU zwei Firmen führt und eine davon noch im Aufbau ist. Da muss man bereit sein, auf anderes zu verzichten. Auch das Umfeld wird dabei gefordert und das stellt aus meiner Sicht die größte Herausforderung dar. Darauf muss man achten. Zwischendurch muss ich mir eine Auszeit gönnen. Da hilft eine positive Einstellung. Diese Grundhaltung spiegelt sich letztlich auch im Umgang mit anderen wider.

- **Welche zukünftigen Herausforderungen sehen Sie für das Unternehmen?**

Der Markt, das Umfeld, in dem wir uns befinden – und ich glaube das ist kein Phänomen das nur uns betrifft – ist härter und direkter geworden, auch durch die Grenznähe. Qualitativ gute Einzelprodukte gibt es auch anderswo – und sogar noch günstiger. Die Qualität des Wassers ist bei uns bereits aufgrund der strengen gesetzlichen Vorschriften sehr gut. Da vergessen wir manchmal, wie gut es uns geht, dass wir wie selbstverständlich einwandfreies Trinkwasser haben. Wir schaffen einen Mehrwert, indem wir mit unserer Beratung, Zuverlässigkeit und unserer Kompetenz Gesamtlösungen anbieten, die auf die individuellen Bedürfnisse unserer Kunden zugeschnitten sind. Wir wollen langfristig interessante und sichere Arbeitsplätze gewährleisten und dies setzt wiederum voraus, dass wir mehr als nur zufriedene Kunden haben. Auch loyale Kunden, die wir langjährig pflegen dürfen. In den beiden Firmen haben wir verschiedene Arten von Kunden: In der Wasseraufbereitung vertreiben wir unsere Produkte über verschiedene Absatzkanäle. Im Gegensatz dazu gehen wir bei CAFÉAU direkt zum Endanwender, d. h. zu denjenigen, die z. B. einen Kaffeevollautomaten und einen Trinkwasserspender für die Betriebskantine suchen.

Wir dürfen uns glücklich schätzen mit dem, was wir machen. Auch wiederum mit dem Element Wasser bei FILADOS oder dem ebenso spannenden Naturprodukt Kaffee bei CAFÉAU. Wasser und Kaffee sind sehr emotionale Rohstoffe und wir gehen damit weiter auf unserem Weg und versuchen, das mindestens so erfolgreich wie bisher zu tun.

5.1.4 Katja Müggler, Geschäftsleiterin von Proitera, Unternehmen für Betriebliche Sozialberatung: „Wer die Türen zum Erfolg öffnet, der wird auch selbst reingelassen."

Wo können sich Angestellte Hilfe holen, wenn sie mit ihren Problemen im Beruf oder im Privatleben selbst nicht mehr weiterkommen und ihre Leistungen nachlassen? Große Firmen haben dafür eine eigene Sozialberatung, in kleineren Unternehmen sind die Vorgesetzten oder die Personalverantwortlichen Ansprechpartner. Doch sie sind häufig befangen oder überfordert, gerade wenn sie zwar Verständnis für die Situation der Mitarbeitenden aufbringen möchten, die Marktsituation jedoch die volle Leistung von allen erfordert. So entstand die Idee zur heutigen Firma Proitera.

Katja Müggler arbeitete in der Betrieblichen Sozialberatung der Schweizerischen Post und sah dort, wie wichtig solche Anlaufstellen sind. Und so entstand ihre Vision, dass sich alle Angestellten, unabhängig von Hierarchiestufe, Unternehmensgröße oder Branche, an eine kompetente und neutrale Fachperson wenden können. Diese Fachperson soll nicht im System des Unternehmens sein, um die absolute Vertraulichkeit, Verschwiegenheit und Unabhängigkeit von der Firma zu gewährleisten, anderseits sollte sie das Unternehmen und seine Kultur sehr gut kennen, um gute Lösungen auch im Sinn der Firma zu erreichen. Aus dieser Idee entstand Proitera – eine externe Sozialberatung für die Überbrückung von schwierigen Situationen, sei es familiär, finanziell, persönlich, gesundheitlich oder auch am Arbeitsplatz. Damals gab es erst ein ähnliches Unternehmen in der Schweiz; zu wenig für die hohe Dringlichkeit dieses Angebots. Am Anfang der Unternehmensgründung stand somit der Wunsch, etwas Sinnvolles zu tun, und weniger das Bedürfnis, sich selbstständig zu machen. Auch einen eigentlichen Businessplan hatte Katja Müggler damals noch nicht. Sie wollte den Erfolg, aber ohne konkret zu überlegen, was das bedeutete: „Machen wir mal", war ihre Devise, und Katja Müggler wurde schneller erfolgreich, als sie es sich je erträumt hatte.

Aus einer Einpersonendienstleistung im Jahr 1999 ist eine Firma mit 26 Mitarbeitenden an 25 Standorten entstanden, die für über 100 Unternehmen in der Schweiz eine externe Betriebliche Sozialberatung anbietet.

Proitera wird von den Firmen direkt beauftragt. Es handelt sich jedoch nicht um individuelle Aufträge wie beispielsweise ein Coaching für XY, sondern um einen Pauschalauftrag: Mitarbeitende des Unternehmens können sich freiwillig und ohne Wissen des Arbeitgebers mit ihrem Anliegen an Proitera wenden und der Auftrag von Proitera ist es, mit diesen Mitarbeitenden gemeinsam gute Lösungen zu finden. Dazu passend ist ihr Give-away, ein Ladegerät für Mobiltelefone: Proitera vermittelt, überbrückt und hilft Menschen, ihre Energie zurückzugewinnen.

- **Wie gewinnt man skeptische Kunden?**

Viele Geschäftsführende sind eher skeptisch bei dem Gedanken, dass sie einen Budgetposten für etwas einrichten sollen, auf das sie weder Einfluss noch eine direkte Kontrolle über die Wirkung der Leistung ihrer Angestellten haben. Zudem fragen sie sich, wozu sie eine externe Sozialberatung benötigen, wenn doch Personalabteilung und Vorgesetzte für diese Aufgaben zuständig sind.

Dass dennoch mehr als 100 Firmen auf die Dienste von Proitera zurückgreifen, hat mehrere Gründe: Die Problemlagen der Angestellten werden zunehmend komplexer. Waren es früher v. a. finanzielle Probleme, so sind es heute Konflikte am Arbeitsplatz, familiäre und psychische Probleme. Dies geht weit über die Rolle der Personalabteilung und der Vorgesetzten hinaus, die dadurch bald in Loyalitätskonflikte geraten würden. Ein weiterer Grund liegt in der Geschäftsleiterin selbst: Katja Müggler verantwortet mit ihrer Person und Erfahrung die Qualität der Firma. Dieser Verantwortung ist sie sich sehr bewusst: Selbstständig heißt selber und ständig; ihre Rolle als Geschäftsleiterin von Proitera nimmt sie auch außerhalb der Arbeitszeit ein. Sie achtet stets auf Qualität und ein professionelles Auftreten. Äußerlichkeiten sind gerade bei Frauen nach wie vor wichtig: „Das ist eine Spielregel. Sie gefällt mir nicht, aber ich spiele mit." Häufig gibt auch die Lebensgeschichte der CEOs den Ausschlag für eine Zustimmung: „Wer einen Bruch in seiner eigenen Biografie erlebt hat, sei es eine Scheidung, psychische Probleme oder die Erfahrung, aus der Firma entlassen zu werden, hat meist ein besseres Verständnis für andere Menschen in Krisensituationen."

- **Highlights, Krisen und Erfolgsfaktoren**

Für Katja Müggler ist es jedes Mal ein besonderes Highlight, wenn sie aus Rückmeldungen sieht, dass ihre Firma einen echten Nutzen stiftet. Die Qualität ihrer Dienstleistungen möchte sie laufend verbessern. So arbeitet sie mit der Fachhochschule Nordwestschweiz zusammen, um die langfristige Wirkung der Betrieblichen Sozialberatung zu messen. Es ist ihr auch ein Anliegen, Tabuthemen aufzugreifen wie beispielsweise Massenentlassungen, die Angst von Mitarbeitenden am Arbeitsplatz oder psychisch kranke Mitarbeitende. Dazu zieht Proitera Personen auf Messen und Veranstaltungen hinzu, die von ihren persönlichen Erfahrungen berichten. Gerade Human Ressource Manager, aber auch CEOs sind froh, dass jemand diese heiklen Themen auf den Tisch bringt und Lösungen aufzeigt. Auch von den Mitarbeitenden, die sich von Proitera unterstützen lassen, erhalten Katja Müggler und ihre Angestellten viel Wertschätzung und Dankbarkeit.

Eine erfolgreiche Firma zu führen hat ihren Preis, wie Katja Müggler betont: „Wer erfolgreich sein will, muss sehr viel arbeiten. Man ist immer Geschäftsleiterin, auch wenn man frei hat. Dies ist mitunter belastend." So gab es Phasen, in denen sie sich fragte, ob ihre Tragkraft tatsächlich noch höher sei als die Traglast. Belastend war für sie nie der zeitliche „Workload", sondern die emotionale Beanspruchung durch die Führungstätigkeit: Es ist ihr wichtig, ihre Mitarbeitenden einzubeziehen, um zu nachhaltigen, langfristig tragfähigen Lösungen zu kommen. Dazu gehören auch manchmal Auseinandersetzungen. Es gab Phasen, in denen die Kritikfreudigkeit von Mitarbeitenden eine Dynamik entwickelte, die das Gruppenklima vergiftete und schließlich die Gruppe zu zersetzen drohte. In der Folge musste sich Katja Müggler von einzelnen Mitarbeitenden trennen. Dies fiel ihr sehr schwer und führte zu Widerständen aus den eigenen Reihen: „Die Mitarbeitenden stehen in einer doppelten Loyalität: den Kolleginnen gegenüber und der Arbeitgeberin. Dies aushalten kostet viel Kraft. Das persönliche Umfeld ist in solchen Momenten speziell wichtig." Wenn sie einen Fehler machte oder im Gespräch nicht den richtigen Ton fand, hat sie sich danach entschuldigt. Dies entspricht ihrem Naturell, aber es bedeutet auch Vorbild zu sein. Damals hätte sie sich gewünscht, dass dies auch ihre Mitarbeitenden könnten: „Einfach einmal sagen: Entschuldigung." Aus diesen Erfahrungen hat sie gelernt, eine Balance zu finden zwischen dem Wunsch, ihren Mitarbeitenden möglichst die Freiheit und Autonomie zu lassen und gleichzeitig die Zügel in der Hand zu behalten: „Man kann nicht eine Firma führen und denken, alle machen es ebenso wie ich. Ich bin verantwortlich für unsere hohe Qualität und muss dabei auch immer wieder den richtigen Moment finden um loszulassen."

Katja Müggler erholt sich auf ihren ausgedehnten Reisen, beim genussvollen Essen, in der Natur oder besucht kulturelle Anlässe. So erhält sie sich ihr inneres Gleichgewicht. Vor allem aber tauscht sie sich mit anderen aus. Gerade weil das Thema Erfolg bei Frauen ganz unterschiedliche Assoziationen hervorruft, trifft sich Katja Müggler regelmäßig mit anderen Unternehmerinnen und Frauen in Führungspositionen. Diesen Rat gibt sie auch weiter: „Vernetzt Euch, stärkt Euch, geht zusammen Mittagessen!" Sie hofft, dass künftig mehr Frauen den Erfolg anstreben und Entscheidungen treffen, denn sie ist überzeugt, dass unterschiedliche Erfahrungen und Sichtweisen zu besseren Unternehmensergebnissen führen.

> Sowohl bei Christoph Ammann als auch bei Katja Müggler fällt auf, dass die Führung eines Kleinunternehmens mit weiteren Mitarbeitenden ihre ständige Aufmerksamkeit verlangt. Beiden ist es wichtig, zwischendurch abzuschalten und aufzutanken, aber wenn es die Firma erfordert, sind sie, wenn auch nicht physisch, so doch mental präsent, sprechen sich mit den Mitarbeitenden ab, treffen die letzte Entscheidung und übernehmen die Verantwortung, gerade dann, wenn sich diese im Nachhinein als falsch herausstellen sollte. Neben der Freude an den interessanten Gestaltungs- und Weiterentwicklungsmöglichkeiten ist die Last der Verantwortung spürbar. Das Unternehmertum erfordert eine permanente balancierte Aufmerksamkeit:

> Einerseits vertrauen sie ihren Mitarbeitenden, fördern sie und stehen hinter ihnen, gleichzeitig bleiben sie wachsam für Ereignisse und Handlungen, die nicht im Dienst einer nachhaltigen und profitablen Entwicklung des Unternehmens stehen.

In den beiden folgenden Porträts verlassen die Interviewten das klassische Unternehmensverständnis und zeigen, welche Möglichkeiten sich für sie damit öffnen.

5.1.5 Stride – unSchool for Entrepreneurial Leadership – „Wir möchten Menschen dazu befähigen, die Welt positiv mitzugestalten."[2]

> Im Jahr 2016 gründeten Anaïs Sägesser, Björn Müller und Niels Rot die Stride unSchool. Das Bildungsangebot des Unternehmens richtet sich an Menschen, die unternehmerisch tätig werden und sich dazu das nötige Rüstzeug holen möchten. Mit ihrem Bildungsprogramm wollen sie andere darin unterstützen, ihre Ideen und Visionen zum Leben zu erwecken. Dafür arbeiten die Teilnehmenden überwiegend in Gruppen zusammen. Gemeinsam helfen sie sich herauszufinden, was ihnen wichtig ist, wie sie tätig sein möchten und wie sie ihre Ideen auch tatsächlich umsetzen können. Neben der Entwicklung neuer Ideen und neuer Möglichkeiten steht die persönliche Entwicklung der Teilnehmenden im Fokus. Am Anfang der Gründung von unSchool stand der Wunsch von drei Menschen aus der Schweiz, Deutschland und Holland – alle mit einem Abschluss an der Universität St. Gallen und Berufserfahrung in ganz

---

2 Mitarbeit: Rebekka Henseler

unterschiedlichen Branchen – ihre Ideen und ihre Schaffenskraft, aber auch ihre Freude an der gemeinsamen Arbeit in den Dienst der Gesellschaft zu stellen.

Die unSchool ist im Zürcher Impact Hub angesiedelt. In den Räumlichkeiten der wunderschönen alten Viaduktbögen treffen sich Menschen aus kleinen und größeren Unternehmen zur Arbeit und Ideenentwicklung. Die unSchool-Philosophie ist eine Mischung aus Experiment, Reflexion, „Wissen, das man nicht googeln kann" und dem „Lernen zu lernen", um sich selbst und die Welt mit neuen Augen zu sehen und Sinn zu erzeugen.

- **Das Besondere an eurem noch ganz jungen Unternehmen ist, dass es ein „Unternehmen zur Gründung von Unternehmen" ist. Warum habt ihr genau dieses Unternehmen gegründet?**

Björn: Wir sehen „unternehmen" als Verb, als etwas tun, etwas in die Welt bringen. Damit ist nicht primär das Unternehmen als Organisationsform gemeint. Etwas unternehmen kann auch bedeuten: ich gründe einen Verein, ich mache eine politische Kampagne und so weiter. Ich unternehme eben etwas.

Die Frage nach dem „Warum" steht für uns und für die Teilnehmenden am Anfang: Warum bin ich hier? Was will ich eigentlich? Wie kann ich zusammen mit anderen aktiv werden, um etwas Positives in der Gesellschaft zu bewirken angesichts der ökologischen, technologischen und politischen Herausforderungen. Viele Leute sind unzufrieden mit ihrer beruflichen Situation und möchten gerne etwas Eigenes, Sinnvolles tun. Diesen Leuten wollten wir ein Gefäß bieten und ein entsprechendes Bildungsangebot aufstellen.

Anaïs: Die Teilnehmenden starten mit der Absicht, etwas zu schaffen und zu lernen. In unserem einjährigen Programm wollen wir sie befähigen, den kontinuierlichen Transformationsprozess des unternehmerischen Handelns zu durchlaufen, ausgehend von ihren Werten über die Idee bis zur ersten Umsetzung, und über die Reflexion ihr Produkt stetig zu verbessern. Wir legen Wert darauf, dass diejenigen, die ein Start-up gründen wollen, dies in ihrer Zeit der Ausbildung bei uns auch tatsächlich tun.

- **Ein Start-up birgt ja immer ein finanzielles Risiko. Wie geht ihr mit diesem Risiko bezüglich eures eigenen Start-ups um? Habt ihr finanzielle Verpflichtungen, beispielsweise für Kinder?**

Björn: Zumindest für zwei von uns fallen diese Verpflichtungen weg. Am Ende meiner Dissertation, als ich überlegt habe, ob ich in das Unternehmerische einsteigen sollte, hat jemand zu mir gesagt: „No wife, no car, no kids – now is the time!" Das ist natürlich sehr ambivalent. Diese Frage stellen wir uns und unseren Teilnehmenden in unserem Programm: „Was für eine Art Unternehmender bzw. Unternehmende kannst du sein?" Es ist nicht der Einzelunternehmer als Alphatier, der alles gibt und nur dafür lebt.

- **Was ist, wenn es Schwierigkeiten gibt? Wie geht Ihr damit um?**

Anaïs: Ich würde sagen, am Anfang ist alles sehr schwierig. Auch beispielsweise die Diskussion, ab wann man Lohn zahlt, wem man Lohn zahlt. Wir hatten uns am Anfang ganz klar entschieden, dass Praktikanten Lohn erhalten und wir nicht – wir warten, weil das unsere Verantwortung ist. Oder z. B. wollten wir die erste Klasse bereits im ersten Jahr unserer Gründung beginnen und das hat nicht geklappt; so mussten wir das verschieben.

Was ich an unserem Team so toll finde, ist, dass wir auf der Werteebene recht ähnlich sind. Wir legen die inneren Dialoge auch offen. Wenn vielleicht noch gar nichts passiert ist, aber sich etwas nicht so gut anfühlt, dann sprechen wir das an. Das kann beispielsweise etwas Emotionales oder auch etwas Gesundheitliches sein. Es ist wichtig, dass wir hier ständig in diesem offenen Dialog sind.

Björn: Es klappt einfach nicht alles. Wir nehmen uns viel vor und müssen irgendwie eine Balance finden mit dem, was dann eben nicht so schnell klappt oder wo wir sagen, dass es mit unseren momentanen Ressourcen einfach nicht möglich ist. Eine gewisse Demut zu haben – man macht Pläne und dann schießt das Leben rein – das bleibt ja immer so. Man braucht viel Humor!

Anaïs: Als Team ist es auch wichtig, dass wir uns immer mal wieder Zeit nehmen. Zeit ist unser Heilmittel. Dass wir uns zu dritt zusammensetzen, gemeinsam frühstücken und diskutieren: „Wer ist wo? Was läuft denn gerade? Was ist jetzt passiert und wo wollen wir eigentlich hin?"

(Niels stößt zum Interview dazu und bringt Boxen mit warmen Nudelgerichten.)

- **Was waren die größten Highlights, die ihr bisher zusammen erlebt habt?**

Anaïs: Sicher der Start. Dass wir es geschafft haben zu starten am Markt!

Niels: Die Pasta schmeckt hervorragend! Ich habe mir irgendwann mal vorgenommen, dass ich nur mit Menschen zusammenarbeiten will, von denen ich lernen kann oder die Freunde sind. Ich gehe jeden Tag mit so viel Freude an die Arbeit. Ich freue mich, wenn ich diese Menschen sehe, ich lerne unglaublich viel über mich in diesem Prozess und es ist eigentlich schon ein Glück, dass man so arbeiten kann. Das vergisst man auch häufig, wenn man sagt „Wir brauchen noch mehr Kunden. Wir müssen aber noch dies und jenes tun…". Dafür sind Pausen wie diese jetzt auch so wichtig: Es geht nicht nur um das Ziel, Stride zu vergrößern, sondern es geht auch darum, die Reise für uns zu genießen und uns dabei weiterzuentwickeln. Und das Highlight ist die Reise, die wir zusammen durchlaufen.

Björn: Ich habe erst vor ein paar Monaten herausgefunden: Der Begriff Kompanie kommt von „Brot miteinander teilen", von „Pain". Und die Kumpanen sind die, die zusammen Brot essen. Und deshalb glaube ich, dass miteinander essen ganz wichtig ist.

5.1.6 Nelly Riggenbach – Intrapreneurin und Innovatorin des bewegten Bildes: „Jeder Chef hört einem zu, wenn man ihm hilft, Geld zu verdienen."

Nelly Riggenbach bringt in enger Zusammenarbeit mit den auftraggebenden Unternehmen bewegte Bilder in die Welt. Sie ist Geschäftsführerin am Basler Standort der Chimney Group, einer schwedischen Agentur für das bewegte Bild. Damit ist sie „Unternehmerin im Unternehmen" – eine „Intrapreneurin". Sie ist bei der Gruppe angestellt, aber führt ihren Bereich so, wie wenn es ihr eigenes Unternehmen wäre. Ihr Ziel ist es, die Marke eines Unternehmens so zu positionieren, dass die Menschen, egal wo sie sind, Videos und Filme des Unternehmens nicht nur sehen können, sondern auch gerne sehen wollen.

- **Was ist das Neuartige an diesem Unternehmen?**

Die Konsumenten sind „always on" – und hier müssen wir sie erreichen: via Kinofilm, mit einem viralen YouTube-Film, mittels Erklärfilm, und dies in hoher Qualität und dort, wo sich die Menschen digital gerade befinden. Früher hatte man ein Werbebudget für 4 aufwendige TV-Spots pro Jahr, sog. „Hero-Content" – heute schauen die Menschen Filme nicht nur im Kino und im Fernsehen, sondern auch am Computer und unterwegs auf dem Smartphone. Die Marketingabteilung ist also gezwungen, mit dem gleichen Budget ein Vielfaches an Output produzieren zu lassen. Wir sehen uns aber nicht in erster Linie als Filmproduktion, sondern als Geschäftspartner unserer Kunden. Es kann durchaus auch mal passieren, dass wir einem Kunden abraten, einen Film zu produzieren, weil es nicht das richtige Instrument für die gestellte Aufgabe ist.

Im Gegensatz zu früher, als der Marketingleiter, die Marketingleiterin einen Auftrag für einen Unternehmensfilm erteilte, will heute die Finanzabteilung einen filmischen Jahresbericht, die Personalabteilung gute Leute ansprechen und die e-Commerce-Abteilung ihr Produkt verkaufen. Dabei geht die Marke oft vergessen, weil es an Konsistenz und Guidelines für das bewegte Bild fehlt. Unser Unternehmen konzipiert und produziert für unterschiedliche Kanäle in den traditionellen und in den sozialen Medien, für alle erdenklichen Bedürfnisse, mit unterschiedlichen Mitteln und Qualitätsansprüchen, aber alles aus einem Guss und im Dialog miteinander. Wir übersetzen die Corporate Identity in den Film. Die Schweiz hat eine große Tradition mit Grafik. Da würde man auch niemals dem Zufall überlassen, wo das Logo steht!

Es brauchte 38 Jahre, bis das Radio 50 Millionen Menschen erreichte, aber nur 1,5 Jahre, bis ebenso viele auf Instagram waren! Bis im Jahr 2021 werden 80% der Internet-Inhalte Filme sein. Menschen wollen Dinge sehen, nicht lesen: Alle „How-to"- Geschichten, wie rühre ich einen Teig an, das schauen Leute auf YouTube, sie lesen keinen Text. Bisher stellten v. a. Privatleute ihre Filme auf YouTube – in Zukunft werden das vermehrt auch Firmen sein. Und die Qualität wird sich verbessern: Wenn ich mich über Schwangerschaft informieren möchte, dann schaue ich mir lieber kurze Informationsfilme eines Universitätskrankenhauses an, die mich während der 40 Wochen begleiten, als Tipps von Privatpersonen, und die Chance, dass ich in dieses Krankenhaus gehe, d. h. dass ich über den filmisch aufbereiteten Inhalt auf das Unternehmen stoße, ist sehr groß.

- **Was treibt dich an?**

Ich bin von Herzen Sales. Da geht es um das Vernetzen, es geht um Beziehungen. Ich habe mit der Ausbildung im Designbereich gestartet und bin später in die Salesrolle gekommen, als ich für eine schwedische Firma im Bereich Employer Branding einen Standort aufbauen und anschließend die Geschäftsführung über ganz Europa übernehmen durfte. Dadurch habe ich ein Verständnis der unterschiedlichsten Unternehmen und Branchen bekommen und kenne dort die Schlüsselpersonen. In meiner Arbeit mit den Personalabteilungen habe ich gelernt, wie Unternehmen Talente auf dem Markt am besten ansprechen.

Im Sales gibt es „Farmer" und „Hunter". Ich bin eher Hunter: Als das Geschäft gut lief und ich jede Rolle kannte, kam die Frage nach dem nächsten Schritt: Nun kann ich nochmals ein Geschäft aufbauen mit dem Thema Film, das mir extrem am Herzen liegt. Das schwedische Mutterunternehmen ist darauf angewiesen, dass Menschen die Kultur hier verstehen. Einiges ist ähnlich, wie z. B. der Wunsch nach Konsensfindung, der ist in Schweden fast noch stärker als in der Schweiz. Aber einiges ist auch anders:

Stockholm ist nach Berlin der zweite Tech Startup Hub in Europa. Hier wird ein Produkt sehr schnell als Prototyp auf den Markt gebracht und dann aufgrund der Rückmeldungen verbessert. In der Schweiz muss man warten, bis alles perfekt ist. Wir haben keine Fehlertoleranz. Ein Journalist hat einmal die Hypothese aufgestellt, dass wir deshalb so viele international erfolgreiche Fußballtorhüter haben, weil wir besser sind im Tore vermeiden als im Tore schießen. Das beobachte ich auch in der Geschäftswelt. Damit hängt auch eine gewisse Neidkultur zusammen: In Stockholm haben wir das Firmengebäude an andere untervermietet, weil es für das Unternehmen zu groß wäre. Da haben sich Talente eingemietet, andere Agenturen, unabhängige Filmschaffende, Produzenten, und man weiß nie, ob am Nebentisch gerade ein Konkurrent sitzt. Mit denen arbeiten wir zusammen und haben so die besten Leute für den Auftrag. In der Schweiz hingegen tastet man sich ab und ist sehr vorsichtig mit Informationen – statt zu sagen: Arbeiten wir zusammen, damit wir dieses tolle Projekt bekommen und schauen nachher, wie wir den Kuchen verteilen, denn der Kuchen ist groß genug! Wir lassen uns lieber einen lukrativen Auftrag entgehen, als dass wir mit unseren Mitbewerbern zusammenarbeiten.

Mit dieser Haltung habe ich schon viele Rückschläge erlebt. Wenn ich als ehemalige

Rudolf-Steiner-Schülerin mit meinen Ideen im Business nur so herausprudelte, kam es schon vor, dass der potenzielle Kunde die Ideen dann auch umgesetzt hat, nur leider ohne uns.

Der Umgang mit Misserfolgen gehört zu meinem Alltag: „Rejection-Handling" macht einen großen Teil meiner Arbeit aus. Ich habe nun viele Jahre lang trainiert, mit einem Nein umzugehen. Ich brauche ein klares Nein oder ein klares Ja. Alles zwischendrin bleibt in der Schwebe und bringt mich nicht weiter. Deshalb habe ich auch schon ein Nein provoziert, indem ich sagte, wenn man nicht interessiert sei, dann solle man mir das doch bitte mitteilen, daraus kann ich lernen.

Mein Beruf macht mir enorm Spaß, deshalb arbeitete ich auch immer 100%. Das Thema Vereinbarkeit – „Work-Life-Blend" – stellt sich aber auch bei mir mit zwei kleinen Kindern. Mein Partner übernimmt den Löwenanteil zu Hause. Ich bin jeden Abend um 18 Uhr daheim und habe dann zwei Stunden mit den Kindern und bringe sie ins Bett. Anschließend setze ich mich nochmals an den Computer. In Schweden hilft auch die Unternehmenskultur: Wenn ein Finanzchef seinen Vaterschaftsurlaub von 3 Monaten nicht bezieht, wird er von der Belegschaft sehr schräg angeschaut. Und auch die Kinder unseres CEO sehe ich manchmal in internen Telefonkonferenzen im selben Raum spielen. Es hilft, dass ich effizienter arbeite, seit ich Mutter bin. Viele Frauen halten sich hier noch viel zu stark zurück. Es ist ein großes Anliegen von mir, dass Frauen im Beruf mehr eine unternehmerische Haltung zeigen, Verantwortung übernehmen, Entscheidungen treffen: Habt den Mut, etwas nicht zu tun, obwohl es im Pflichtenheft steht und macht das, wovon Ihr denkt, es sei wichtig. Jeder Chef wird Euch zuhören, wenn Ihr ihm helft, Geld zu verdienen!

> Die Erfolgsfaktoren von Nelly Riggenbach sind neben Herzblut, Vernetzungskompetenz und Offenheit für Neues auch ein ausgeprägtes Gespür für die Bedürfnisse von Menschen und Unternehmen. Im Moment sind diejenigen, die in den Unternehmen die Regeln für den Umgang mit sozialen Medien aufstellen, nicht dieselben, welche die sozialen Medien auch tatsächlich nutzen. Es ist jedoch nur eine Frage der Zeit, bis Nelly Riggenbach wie der Igel in der Fabel schon längst da sitzt, wo der Hase mit hängender Zunge erst ankommen wird.

5.2 Gemeinsamkeiten – was auffällt

Trotz der unterschiedlichen Persönlichkeiten fallen einige Gemeinsamkeiten auf: Alle befragten Unternehmerinnen und Unternehmer sind in hohem Maße aus sich selbst heraus motiviert. Das Unternehmertum ist nicht in erster Linie eine Möglichkeit, mehr Geld zu verdienen als im Angestelltenverhältnis, ganz im Gegenteil. Dies ist ein Faktor, der die Schweiz von anderen Ländern wie z. B. den USA mit einer weniger gut abgesicherten Beschäftigungssituation deutlich unterscheidet: Dort sind 64% der 18- bis 64-Jährigen der Meinung, dass das Unternehmertum eine interessante Karriereoption darstelle, in der Schweiz dagegen nur 38% (GEM Global Entrepreneurship Monitor 2016). Bei Schweizer Unternehmenden ist das „Herzblut" offensichtlich ein zentraler Faktor. Dies zeigen auch die Interviews. Diese intrinsische Motivation ist verbunden mit dem Bedürfnis, etwas Sinnvolles und Wichtiges zu tun, das so noch nicht oder nicht in der gewünschten Qualität angeboten wird.

Eine weitere Gemeinsamkeit liegt im Wunsch, das Unternehmen kontinuierlich voranzutreiben, und in der Bereitschaft, sich dadurch auch immer wieder infrage zu stellen. Absagen, Kritik und Ablehnungen einzustecken ist auch für Unternehmerinnen und Unternehmer nicht einfach – gleichzeitig akzeptieren sie es als Notwendigkeit, um voranzukommen. Damit verbunden sind das Interesse und der Antrieb, stets an die Erfordernisse von „morgen" zu denken, gerade dann, wenn es „heute" eigentlich ganz gut läuft, und Lorbeeren scheinen die Befragten eher anzustacheln als zum Ausruhen einzuladen.

Die Geschäftsführenden von mehreren Mitarbeitenden sehen sich mit den widersprüchlichen Anforderungen an eine Führungsperson konfrontiert, die Vertrauen schenken, Verantwortung übernehmen und im Sinn des Unternehmens auch unangenehme Entscheidungen mit ungewissem Ausgang und den innewohnenden Risiken fällen muss. Ihre persönlichen Interessen stellen sie in den Dienst des unternehmerischen Interesses und sind dabei mehr als andere gefordert, ihr eigenes gesundheitliches Wohlbefinden auch zum Wohl des Unternehmens aufrechtzuerhalten. Eine sehr großzügige Akzeptanz ihres nahen Umfelds sowie die gegenseitige Unterstützung und der Austausch mit anderen Unternehmerinnen und Unternehmern hilft ihnen, ihren Weg mit der nötigen Konsequenz zu gehen und dabei ihren Humor und ihre Freude zu behalten.

Literatur

KMU-Portal (2016). https://www.kmu.admin.ch/kmu/de/home/kmu-politik/kmu-politik-zahlen-und-fakten.html. Zugegriffen: 18.09.2017

GEM Global Entrepreneur Monitor (2016). http://www.gemconsortium.org/country-profiles. Zugegriffen: 18.09.2017

Durch Selbstorganisation Freiräume gewinnen

Begleitung zweier SCRUM-Teams innerhalb eines Unternehmens der Finanzbranche

Thomas Klink

6.1 Ausgangslage und Zielsetzung – 54

6.2 Auftragsklärung – 54
6.2.1 Vorgespräch zur Besprechung der Projektziele – 54
6.2.2 Klärung des Projektauftrags in der Geschäftsleitung – 54
6.2.3 Klärung des Projektauftrags mit der Geschäftsleitung und den betroffenen Abteilungsleitern – 55

6.3 Projektstart – 56

6.4 Begleitung der Referenzteams – 57
6.4.1 Team 1: Scrum-Team – 57

6.5 Team 2: Change-Team – 59

6.6 Förderung von Selbstorganisation als Investition in die Zukunft – 60

6.7 Prozessauswertung mit der Geschäftsleitung: Der Morgenspaziergang – 61

6.8 Entwicklung von Unternehmertum – 62

Literatur – 62

6.1 Ausgangslage und Zielsetzung

Die Führungskräfte des vorgestellten Unternehmens bewegen sich in einem prozessgesteuerten Umfeld. Die unterste Führungsebene, die Teamleiter sind daher sehr stark in das Alltagsgeschäft involviert und können wenige Ressourcen für ihre Führungsaufgaben und für die Zukunftsgestaltung ihres Bereiches einsetzen. Daher möchte die Unternehmensleitung den Grad der Selbstorganisation in den Teams erhöhen. Dies soll dazu führen, dass Mitarbeitende das Alltagsgeschäft selbstorganisiert erledigen und den Führungskräften mehr Ressourcen für ihre Führungsrolle zur Verfügung stehen.

Zur Umsetzung wurden zwei Referenzteams ausgewählt, die nach Prinzipien der Scrum-Methodik ihre Selbstorganisation und Agilität erhöhen sollen. Verbesserungen wurden sowohl auf qualitativen Dimensionen (Steigerung Arbeitszufriedenheit, Motivation, Freiräume der Führung) als auch auf quantitativen Dimensionen (Steigerung der Effizienz und Leistung) erwartet.

Damit das gesamte Unternehmen von den Erfahrungen lernen kann, sollte der Prozess mit Elementen der Organisationsentwicklung begleitet und unterstützt werden.

> **Das Unternehmen**
> Es handelt sich um ein mittelgroßes Unternehmen in der Finanzbranche. Das Unternehmen beschäftigt etwa 500 Mitarbeitende und ist entlang von Geschäftsprozessen organisiert. Daneben gibt es Organisationseinheiten mit Querschnittsfunktionen wie Human Resources (HR), Finance & Controlling, Security, Risikomanagement und die Informatik.

Im Folgenden werden das Vorgehen und die wichtigsten Ereignisse beschrieben und reflektiert. Die beobachteten Phänomene wurden dazu verwendet, das Vorgehen zu hinterfragen und Beratungsprinzipien zu validieren.

6.2 Auftragsklärung

Die Auftragsklärung folgte einem stufenförmigen Prozess, der hier in verkürzter Form dargestellt wird.

6.2.1 Vorgespräch zur Besprechung der Projektziele

In einem Vorgespräch mit dem CEO und einem Geschäftsleitungsmitglied (operativer Leiter) wurden die ersten Überlegungen zu den Zielsetzungen und den verschiedenen Rollen besprochen. Im Gespräch kam ein übergeordnetes Anliegen zur Sprache. Ein Unternehmensziel war bereits seit zwei Jahren, Aspekte einer lernenden Organisation zu entwickeln und zu kultivieren. Es wurde bereits der Entschluss gefasst, mithilfe von Methoden des Scrum-Ansatzes Verbesserungen in bestehenden Teams zu erzielen. Die Geschäftsleitung wollte hierfür zwei Referenzteams auswählen, um entsprechende Erfahrungen zu sammeln. Sie empfanden es als zielführend, diesen Prozess von einem externen Berater mit Methoden der Organisationsentwicklung begleiten zu lassen. Daraus entstand dieses Beratungsmandat.

6.2.2 Klärung des Projektauftrags in der Geschäftsleitung

Die Geschäftsleitung diskutierte die definierten Ziele und präzisierte diese weiter. Es wurden zwei Teams bestimmt, die exemplarisch mit der Scrum-Methodik und mit Methoden der Organisationsentwicklung ihre Selbstorganisation erhöhen sollten. Auch geeignete Scrum-Master wurden in dieser Besprechung bestimmt. Anhand des Organisationsmodells der systemischen Organisationsentwicklung (Häfele, 2015) regte der Autor eine Diskussion bzgl. realistischer Projektziele an. Das Modell wurde als Analysemethode eingesetzt (◘ Abb. 6.1).

Die Geschäftsleitung erkannte, dass der Existenzgrund des Unternehmens die sichere

Durch Selbstorganisation Freiräume gewinnen

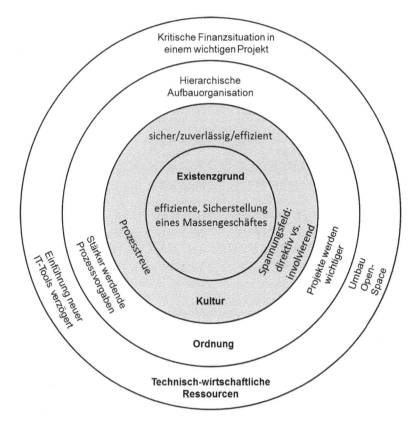

◘ **Abb. 6.1** Organisationsmodell der systemischen Organisationsentwicklung nach Häfele (2015) angepasst zur Analyse des Unternehmens

und stabile Abwicklung von Prozessen darstellt. Daraus entwickelte sich eine Vielzahl von Standards und Vorgaben. Die vorherrschende Kultur ist daher tendenziell eine Produktionskultur, die sich durch ein Prozess- und Effizienzdenken auszeichnet. Es zeigt sich die Tendenz, Bestehendes zu reproduzieren und den Status quo kaum zu hinterfragen.

Elemente der Selbstorganisation und einer lernenden Organisation einzuführen stellt hierzu eine Gegenkraft dar. Aus diesem Grunde positionierte der Berater den Begriff der „angemessenen Selbstorganisation". Mit einem kompletten Paradigmenwechsel „weg von einer Produktions- zu einer Organismuskultur" wäre die Organisation überfordert gewesen.

6.2.3 Klärung des Projektauftrags mit der Geschäftsleitung und den betroffenen Abteilungsleitern

Als nächster Schritt erfolgte ein Workshop mit der Geschäftsleitung und den Abteilungsleitern, um mit diesen Personen verschiedene Aspekte zu besprechen. Dies verschaffte die Möglichkeit, die Abteilungsleiter in den Zielprozess zu involvieren, bevor die Teamleiter hinzugezogen wurden. Die Vorüberlegungen der Geschäftsleitung wurden diskutiert und leicht modifiziert. Zudem diskutierten die Teilnehmenden mögliche Risiken in der Projektabwicklung.

> **Reflexion**
> Mithilfe des Organisationsmodells gelang eine Auseinandersetzung mit dem schwer fassbaren Begriff der Organisationskultur. Den betroffenen Personen wurde klar, dass eine evolutionäre Annäherung an die Wunschkultur der „Selbstorganisation und lernenden Organisation" realistischer ist als ein schneller und fundamentaler Wechsel. Nach Auffassung des Autors war diese Sichtweise den zuständigen Personen implizit klar, eine explizite Auseinandersetzung anhand eines Modells verstärkte jedoch das Verständnis und schuf eine gemeinsame Sprache.

Der Autor empfand die sich abzeichnende Rolle als Projektleiter und als Bindeglied zwischen den verschiedenen Teams und Hierarchien als kritisch. Es entstand ein vages Gefühl, als „Briefträger" zwischen den verschiedenen Anspruchsgruppen zu agieren. Um dieses Gefühl zu konkretisieren, besprach der Autor dieses Anliegen in einer Supervision.

Besonders herausfordernd war zu diesem Zeitpunkt die Gestaltung des geplanten Startworkshops mit allen Projektmitgliedern (Geschäftsleitung, Abteilungsleiter, Teamleiter, Scrum-Master). In diesem Startworkshop war es wichtig, die Rolle des Beraters von Anfang an adäquat zu positionieren. In der Supervision konnten die Anliegen besprochen werden und folgende Maßnahmen wurden umgesetzt.

Der Berater motivierte ein Geschäftsleitungsmitglied, den Starworkshop zu eröffnen und die Hintergründe des Vorhabens zu beschreiben. Zudem lag es in der Verantwortung der Geschäftsleitung, die Ziele zu kommunizieren. Erst anschließend wurde die OE-Architektur und das geplante Vorgehen durch den Berater vorgestellt.

> **Beratungsprinzip 1**
> Mit Modellen und mithilfe von Supervisionen Abstand gewinnen, Muster reflektieren und dadurch an Klarheit gewinnen.

6.3 Projektstart

Die Absicht des Projektstarts war, alle beteiligten Führungskräfte über die Gesamtziele und die Einbettung in die Organisation zu informieren und anschließend spezifische Fragen zu klären. Daher erfolgte der Projektstart in Stufen.

Zum Projektstart waren Vertreter der Geschäftsleitung, die betroffenen Abteilungsleiter, die Teamleiter und Scrum-Master eingeladen. Ein Geschäftsleitungsmitglied stellte die Zielsetzung vor und vernetzte das Projekt mit anderen Vorhaben. Dann stellte der Autor die Projektarchitektur und das Vorgehen vor. Während dieser Anfangsphase wurde zudem ein „Coffee-Talk" durchgeführt. Die Teilnehmenden bekamen die Möglichkeit bei einem gemeinsamen Kaffee (20 Minuten) ihre Überlegungen und ihr Bauchgefühl zu diesem Vorhaben in Unterteams auszutauschen. Anschließend fand ein Austausch im Plenum statt. Dabei wurde die angespannte Ressourcensituation angesprochen und die Teilnehmenden wünschten noch mehr Hintergrundinformationen zu den Projektzielen.

Nun verließen die Mitglieder der Geschäftsleitung und die Abteilungsleiter die Veranstaltung und alle Teamleiter und Scrum-Master erhielten die Möglichkeit, ihre Anliegen zu besprechen. Es folgten Besprechungen mit jedem einzelnen Team (Teamleiter und Scrum-Master). Dieses gestufte Vorgehen stellte sicher, dass das Vorhaben in der gesamten Dimension dargestellt und dennoch Einzelanliegen berücksichtigt werden konnten.

> **Reflexion**
> Die stufenweise Konkretisierung und Integration der beteiligten Führungskräfte und Scrum-Master hat sich rückwirkend sehr bewährt. Es zeigte sich, dass nach der Erstkommunikation noch einige Fragen offen waren, die in den

anschließenden Besprechungen mit den einzelnen Teams offen angesprochen werden konnten. So war in einem Team nicht klar, warum sie überhaupt als Referenzteam ausgewählt wurden und wer die Scrum-Master-Rolle übernehmen würde. Diese offenen Punkte konnten dann mit der Geschäftsleitung geklärt werden.

Die kurze Intervention des „Coffee Talks" zeigte eine klärende Wirkung und ermöglichte einen offenen Austausch in einer frühen Projektphase.

▶ Beratungsprinzip 2
Plattformen der Wahrhaftigkeit schaffen. Im machbaren Rahmen Zeitgefäße schaffen, die einen offenen und wahrhaften Austausch ermöglichen. Die Projektmitglieder sollen genügend Zeit und Redundanz erleben, um sich aktiv einzubringen. Der offene Austausch soll zudem Sicherheit schaffen und einen Beitrag zum gegenseitigen Vertrauen leisten.

6.4 Begleitung der Referenzteams

Im Folgenden wird der Prozessverlauf der beiden begleiteten Teams beschrieben.

6.4.1 Team 1: Scrum-Team

Das Team „Service Management" beschäftigt sich mit Serviceprozessen für die Kunden. Verschiedenste Prozesse werden von den Mitarbeitenden gesteuert und Kundenanliegen behandelt. Dieses Team wird in diesem Kapitel „Scrum-Team" genannt, da dieses Team während des Projektverlaufs Scrum-Methoden anwenden konnte (im Vergleich hierzu siehe Team 2 in ▶ Abschn. 6.5).

6.4.1.1 Die Suche nach dem Gelungenen

In der ersten Sitzung mit Teamvertretern herrschte zunächst eine sehr zurückhaltende und demotivierte Stimmung. Die Mitglieder fragten sich, was diese „Übung" nun wieder bringen sollte. Zumal die letzten Optimierungsbemühungen erst sechs Monate zurücklagen und die resultierenden Verbesserungen von den höheren Führungsgremien offensichtlich nicht erkannt wurden.

Der Autor reagierte auf diese Aussagen und wollte die früher gefundenen Optimierungsansätze kennenlernen. Dabei stellte sich heraus, dass das Team vor sechs Monaten die Geschäftsprozessabwicklung von einem „Push-" zu einem „Pull-Prinzip" umgestellt hatte. Hierfür führte das Team ein Whiteboard zur Visualisierung aller Prozesse ein, von dem die Mitarbeitenden ihre Aufträge selbst entnehmen konnten. Entgegen anfänglicher Gegenwehr von vereinzelten Mitarbeitenden konnte die Durchlaufzeit um 30% verbessert werden. Der Prozess wurde von den anwesenden Teammitgliedern mit Begeisterung und sichtlichem Stolz beschrieben. Der Autor verwies im Sinne der „Suche nach dem Gelungenen" darauf, dass diese Verbesserung genau dies sei, was man mit der Scrum-Methodik erreichen möchte. Dem Vorschlag, diese Verbesserungen in der nächsten Projektsitzung der Geschäftsleitung vorzustellen, wurde sofort zugestimmt. Erstaunlicherweise entschieden sich zwei Mitarbeiterinnen, die Verbesserungen als Rollenspiel „Vorher vs. Nachher" der Geschäftsleitung zu präsentieren.

Die Vorstellung wurde zu einem großen Erfolg und dieses Ereignis hatte einen substanziellen Einfluss auf den Berufsstolz und die Motivation des Teams. Die Überlegungen wurden in der Projektsitzung besprochen und es wurde geprüft, in welchen Bereichen der Einsatz von „Whiteboards" sinnvoll sein könnte. Somit startete der Prozess bereits mit einem positiven Beispiel und das gemeinsame Lernen wurde aktiviert.

> **Beratungsprinzip 3**
> Die Suche nach dem Gelungenen. In jeder Organisation existieren bereits Ansätze des Wunschbildes bzw. der Wunschkultur. Diese werden entdeckt und dienen als positives Beispiel, um davon zu lernen. Der Zielzustand befindet sich nicht in der Zukunft, sondern wird bereits in der Organisation gelebt. Dies stärkt das organisationale Selbstvertrauen und schafft Sicherheit auf dem Entwicklungsweg.

6.4.1.2 Der weitere Projektverlauf

Nach dieser Präsentation der bereits eingeführten Verbesserung entschied sich das Team, eine Wissensdatenbank aufzubauen. Hierfür mussten alle Prozesse beschrieben und das aktuelle Wissen (Führungsentscheide, Mailverkehr etc.) identifiziert und abgelegt werden. Der Analyse- und Dokumentationsprozess wurde anhand von Scrum-Sprints organisiert, die jeweils zwei Wochen dauerten. Nach jedem Sprint wurden in einer Retrospektive das Vorgehen reflektiert und neue Zwischenziele festgelegt.

Durch dieses Vorgehen gelang es dem Team bereits nach etwa sechs Wochen, eine erste Version für ein Onlinetool zu entwickeln. Anschließend befasste sich eine Untergruppe mit der Umsetzung des Prototypen in einer Online-Applikation und die andere Untergruppe konkretisierte die Inhalte. Die Programmierung der Wissensplattform geriet ins Stocken, da die hierfür notwendigen Ressourcen von der IT-Abteilung nicht zugeteilt wurden. Dies kam zu einem späteren Zeitpunkt in der Projektsitzung mit der Geschäftsleitung zur Sprache und die entsprechenden Ressourcen wurden zur Verfügung gestellt. Nach vier Monaten wurde die erste Variante des Tools im Projektteam vorgestellt. Nach Projektabschluss lag ein funktionsfähiges Instrument vor, das mit aktuellen Inhalten gefüllt wurde. Darüber hinaus entwickelte das Team ein kleines Schulungskonzept zur Unterstützung der Einführung im Gesamtteam.

Sechs Monate nach Projektabschluss erhielt der Autor eine Rückmeldung von der Teamleiterin, dass das Instrument rege genutzt wird und die Teammitglieder stolz auf ihre Eigenentwicklung seien.

Damit die Entwicklung der Teamkultur beobachtet werden konnte, wurden zu drei Messzeitpunkten der Fragebogen „Team Klima Inventar" (TKI, Brodbeck, Anderson, West, 2000) erhoben. Die Ergebnisse zeigen substanzielle Verbesserungen.

6.4.1.3 Ergebnisse aus dem Team-Klima-Inventar

■ **Zweck der Erhebung**

Das Team Klima Inventar (TKI) wurde erhoben, um Aspekte der Innovation und des Lernklimas zu ermitteln. Da nur das Scrum-Team durchgehend an einem kontinuierlichen Verbesserungsprozess arbeitete, wurde der TKI nur in dieser Gruppe erhoben. Die Erhebung erfolgte an drei Messzeitpunkten (Beginn, Mitte und Ende des Prozesses). Exemplarisch werden nur die Ergebnisse der Skala „Unterstützung für Innovation" aufgeführt.

■ **Auszug der TKI-Ergebnisse: Unterstützung für Innovation**

Die Skala „Unterstützung für Innovation" entwickelte sich während des Scrum-Prozesses von einer mittleren (5) zu einer maximalen Ausprägung (9). Die Subskala „Bereitschaft zur Innovation" entwickelte sich sogar von einer niedrigen zu einer maximalen Ausprägung. Die hohen Werte der Gesamtskala und der entsprechenden Subskalen (siehe ◘ Abb. 6.2) können wie folgt Interpretiert werden:

■ **Gesamtskala Unterstützung für Innovation.**
Die Veränderung von einer mittleren zu einer maximalen Ausprägung verweist auf eine verbesserte Unterstützung bzgl. kontinuierlicher Verbesserungen und Innovationen. Die aktive Unterstützung verbesserte sich und mehr Ressourcen für Innovationen wurden eingesetzt. In der maximalen Ausprägung wird Innovation höher gewertet als

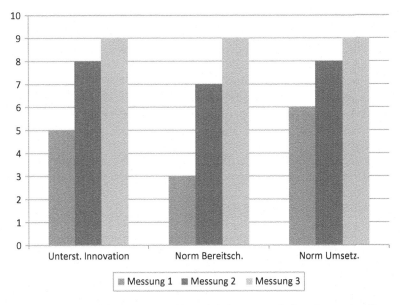

Abb. 6.2 Skala Unterstützung für Innovation (inkl. 2 Subskalen: Bereitschaft zur Innovation, Umsetzung von Innovation)

das Herkömmliche. Das Team verwendet seine Ressourcen in angemessenem Umfang für die Entwicklung von Innovationen.

- **Subskala Bereitschaft zur Innovation.**

Mit dieser Skala wird die grundsätzliche Bereitschaft zur Innovation gemessen. Das Team bekennt sich klar zur Innovation. Das (Top-)Management signalisiert klare Innovationsbereitschaft und Bereitwilligkeit, das Umsetzen neuer Ideen aktiv zu unterstützen.

- **Subskala Umsetzung von Innovation.**

Mit dieser Skala wird die praktische Umsetzung von Innovationen und Neuerungen erhoben. Das Team erhält Unterstützung zur praktischen Umsetzung der Neuerungen in ausreichendem Umfang. Ressourcen zur Umsetzung sind verfügbar. Das Team findet die Zeit, sich zu verbessern.

Auch die weiteren gemessenen Veränderungen durch das Team Klima Inventar sind bemerkenswert und zeugen von einem Entwicklungsprozess im Team. Allerdings muss besonders die Skala „Umsetzung" kritisch hinterfragt werden, da das Team bei der Umsetzung der Verbesserungen auch an Grenzen der Unterstützung gestoßen ist (z. B. IT-Unterstützung bei der Erarbeitung der Wissensplattform). Wahrscheinlich bewertete das Team die Unterstützung durch die Geschäftsleitung als positiv und motivierend.

6.5 Team 2: Change-Team

Kurz nach dem Projektstart wurde klar, dass im zweiten Team eine Reorganisation durchgeführt werden muss. Deshalb wird dieses Team hier als „Change-Team" bezeichnet. Übergeordnete Vorgaben forderten eine Reduzierung der Führungsspanne. In diesem Zusammenhang wurde geplant, dieses Team in zwei Unterteams aufzuteilen. Die zuständige Führungsperson informierte den Verfasser etwa einen Monat nach Projektstart darüber, dass das Scrum-Vorhaben leider ausgesetzt werden muss, bis die Reorganisation erfolgreich umgesetzt wurde. Die Führungspersonen des Bereichs beschrieben die geplante Reorganisation und zeigten auf, dass sie die Umsetzung direktiv planten, um emotionale Themen nicht zu viel

Raum zu verschaffen. Es handelte sich um die Reorganisation des Call-Centers.

Die Vorgesetzten wollten neben der Vorgabe des Organigramms und der Nominierung der zwei Teamleiter auch die Sitzordnung im Call-Center definieren. Nach dieser top-down geführten Reorganisation wollten sie die Mitarbeitenden dann für das Vorhaben zur Erhöhung der Selbstorganisation gewinnen.

Das geplante Vorgehen wurde in einer Projektsitzung mit der Geschäftsleitung vorgestellt. Der Autor verwies das Führungsteam darauf, dass Prinzipien der Selbstorganisation unmittelbar in dieser Reorganisation eingebaut werden könnten. Dadurch werden Aspekte der Selbstorganisation direkt in den aktuellen Change Prozess eingebaut. Es ging darum, einen angemessenen Grad an Selbstorganisation zu wählen.

Die Führungskräfte entschieden, dass sie weiterhin an der Organisationsform und an der Nominierung der Teamleiter festhalten wollten. Die Sitzordnung hingegen konnte von den betroffenen Mitarbeitenden selbst bestimmt werden. Hierfür gaben sie den Teams nach der Erstkommunikation einen Monat länger Zeit. Für die Führungskräfte bedeutete das Gewähren von Selbstorganisation einen mutigen Schritt. Mit der Bestimmung der Sitzordnung gaben sie die Kontrolle über ein durchaus emotionales Thema an das Team ab. Beide Teamleiter entschieden sich, die Sitzordnung selbstorganisiert entwickeln zu lassen. Rückblickend waren die Ergebnisse sehr unterschiedlich.

Das eine Team stellte nach kurzer Zeit einen Plan zur Sitzordnung vor, der neben einer Ausnahme sehr realistisch war. Der Teamleiter nahm nur eine Veränderung vor, indem er seine zukünftige Stellvertreterin in seiner Nähe positionierte. Die finale Sitzordnung wurde anschließend ohne Irritationen umgesetzt.

Im anderen Team konnten sich die Mitarbeitenden nicht einigen und es setzte das befürchtete emotionale „Gerangel" um die besten Plätze und Lieblingsnachbarn ein. Die Teamleiterin ergriff nach einer gewissen Zeit das Votum und definierte die Sitzordnung. Für das Team selbst war diese Steuerung offensichtlich eine Erleichterung.

Reflexion
Um auch diesen Prozess entsprechend auszuwerten, wurde zum Projektende ein Auswertungsworkshop mit den Führungsverantwortlichen durchgeführt. Rückblickend unterschieden sich die Rahmenbedingungen der beiden Teams deutlich voneinander.

Der deutlichste Unterschied lag in den Persönlichkeiten der zuständigen Teamleiter. Der Teamleiter mit dem gelungenen Versuch glaubte an dieses Vorgehen und repräsentierte grundsätzlich einen involvierenden Führungsstil. Er definierte als Leitplanken klare Spielregeln, die einzuhalten waren (z. B. Fensterplätze für Personen mit hohem Beschäftigungsgrad; Sitzordnung nach Prozessen gruppiert).

Derjenige Teamleiter, der nachträglich die Sitzordnung selbst bestimmte, war nicht vollständig von dem Vorgehen überzeugt und zeigte eine gewisse Angst vor den befürchteten Emotionen. Zudem zeigte er Anzeichen eines Führungsstils, der von direktiven und kontrollierenden Elementen geprägt war.

▷ **Beratungsprinzip 4**
Die Zukunft jetzt leben. In der aktuellen Situation die gewünschten Prinzipien anwenden und das gewünschte Verhalten unmittelbar zeigen und einfordern. Im aktuellen Handeln zeigt sich die Ernsthaftigkeit der Neuerungen.

6.6 Förderung von Selbstorganisation als Investition in die Zukunft

Die Frage stellt sich, wieviel Steuerung für die Förderung von Selbstorganisation notwendig ist. Wie oben bereits dargestellt, erfordert die Einführung neuer Kulturaspekte viel Kraft und

Ausdauer. Die alltägliche Leistungserbringung, besonders in einer Produktionskultur, unterliegt weitgehend dem Effizienzgedanken. In diesem Sinne wird eher auf bestehende Prinzipien zurückgegriffen als grundsätzlich die vorherrschenden Handlungsmuster infrage zu stellen. Für diese Reflexion braucht es Freiräume und ein offizielles Mandat. Beides sollte von der Unternehmensführung ausgesprochen und eingefordert werden. Die „Organisation von Selbstorganisation" kann zunächst als Widerspruch wahrgenommen werden und muss daher explizit deklariert werden. Die Einführung und Aufrechterhaltung von Selbstorganisation erfordert aus diesem Grund ein steuerndes Gremium und eine dauerhafte Begleitung.

Oft ist die Versuchung für die Führung groß, die anstehenden Arbeiten und Qualitätskontrollen selbst zu übernehmen, um den unmittelbaren Aufwand zu reduzieren. Das Entwickeln von Selbstorganisation benötigt zunächst eine Befähigung im Umgang mit Autonomie und Ergebnisverantwortung. Die Übergangszeit wird oft als unbefriedigend und zeitraubend erlebt. Die Entwicklung von Selbstorganisation ist daher mit einer Investition verbunden und braucht die Disziplin, fehlende Selbstorganisation nicht voreilig zu kompensieren.

> **Reflexion der Beraterrolle**
> Im Kontext der Selbstorganisation stand auch die Tendenz des Beraters zur zentralen Steuerung auf dem Prüfstand. In den kleinen Abstimmungsrunden pro Team musste der Berater seine fachliche Expertise und seinen Führungsanspruch zurücknehmen, um den Beteiligten Raum für eigene Ideen zu geben. Die Aufgabe des Beraters bestand dann darin, die verschiedenen Rollen zusammenzuführen und Selbstorganisation zu ermöglichen. Die Scrum-Master übernahmen in diesem bewussten Vakuum sehr natürlich eine gewisse Coach-Rolle der Teamleiter. Dieses Phänomen wurde offen mit den Scrum-Mastern besprochen und in gemeinsamer Übereinkunft die Rolle des Beraters als Supervisionsrolle definiert.

> ❯ **Beratungsprinzip 5**
> Die Entwicklung von Selbstorganisation verlangt auch vom Berater ein bewusstes Balancieren von Prozess- und Expertenberatung. Es gilt eine zieldienliche Mischung abseits von Dogmen zu finden. Dabei ist es wichtig, die gewünschte Interaktionsart bewusst zu wählen. Ein unreflektierter Automatismus würde die Wirksamkeit des Beraters reduzieren. Es ist ein bewusster Umgang mit Steuerung und Loslassen nötig.

Die Herausforderung war, die Expertise zurückzuhalten, die Beteiligten zu stärken und nur bei Bedarf Hinweise oder Korrekturen anzubringen.

Dies bedeutet auch, dass das Bedürfnis der zentralen Steuerung reflektiert werden musste. Die Fragen lauteten: „Was muss gesteuert oder top-down eingefordert werden, damit Selbststeuerung stattfindet? Welche Elemente können hingegen der Selbstorganisation anvertraut werden?"

6.7 Prozessauswertung mit der Geschäftsleitung: Der Morgenspaziergang

In der Geschäftsleitung wurde entschieden, den durchlaufenen Prozess mit etwas Abstand in einer Retrospektiven zu beleuchten. Dieser Termin wurde drei Monate nach Projektabschluss geplant. Der Autor schlug vor, diese Auswertung als Morgenspaziergang durchzuführen. Das Ziel war es, das Projekt mit zeitlicher und räumlicher Distanz auszuwerten. An einem Wintermorgen um 7:30 Uhr spazierte der Autor mit den Geschäftsleitungsmitgliedern zu einem Café und wieder zurück. In diesen drei Stunden wurde das gesamte Vorhaben reflektiert.

Neben dem Prozess wurden auch anstehende Personalentscheidungen besprochen und das Vorhaben in den Gesamtkontext der Organisation gestellt. Auf dieser Basis entschieden sich die Geschäftsleitungsmitglieder, die vorliegenden Erkenntnisse in einem Vorhaben zum Thema „Leistungsteams" weiterzuführen. Dabei sollen alle Führungskräfte für die Förderung der Selbstorganisation gewonnen werden.

Im durchgeführten Pilotprozess konnten somit wichtige Erfahrungen gesammelt werden, die in eine breitere Initiative einfließen. Die Lernreise geht weiter.

6.8 Entwicklung von Unternehmertum

Durch die Entwicklung der Selbstorganisationskompetenz erhöht sich der Grad an Mitverantwortung und Mitwirkung. Die Mitarbeitenden und Führungskräfte identifizieren sich dadurch stärker mit ihrer Organisationseinheit und der Verantwortungsbereich verschiebt sich über eine strikt definierte Aufgabengrenze hinaus. Wer eine aktive Rolle in der Gestaltung der Organisation übernimmt, denkt in größeren Zusammenhängen und liefert einen wichtigen Beitrag zur Weiterentwicklung des Unternehmens. Selbstorganisation ist daher eine wichtige Komponente von Unternehmertum.

Literatur

Brodbeck, F.C., Anderson, N. R., West, M. (2000). *Das Teamklima-Inventar (TKI)*. Göttingen: Hogrefe.

Friedman, L., Gyr, H. (1998). *The Dynamic Enterprise. Tools for Turning Chaos into Strategy and Strategy into Action*. New Jersey, Weinheim et al.: Wiley.

Häfele, W. (Hrsg.) (2015). *OE-Prozesse initiieren und gestalten. Ein Handbuch für Führungskräfte, Berater/innen und Projektleiter/innen* (3. Aufl.). Bern: Haupt.

Persönlichkeitsunterschiede von Manager/innen und Unternehmer/innen

Marc Schreiber und Diana Rolny

7.1 Einleitung – 64

7.2 Theorie – 64
7.2.1 Unternehmer/innen vs. Manager/innen – Wo liegen die Unterschiede? – 64
7.2.2 Erfassung der Persönlichkeit – 66

7.3 Fragestellung und Stichprobe – 68

7.4 Ergebnisse – 69
7.4.1 Persönlichkeit (HEXACO-PI-R) – 69
7.4.2 Karriereorientierungen – 70

7.5 Diskussion und Konklusion – 71
7.5.1 Persönlichkeit (HEXACO-PI-R) – 71
7.5.2 Karriereorientierungen (KO-R1) – 73
7.5.3 Konklusion – 74

Literatur – 74

7.1 Einleitung

Laut KMU-Portal der Schweizerischen Eidgenossenschaft machen die kleinen und mittleren Unternehmen (KMU) über 99% der Unternehmen aus. Damit stellen sie mit fast 3 Millionen Personen zwei Drittel der Arbeitsplätze in der Schweiz. Innerhalb der KMU werden über 1 Million Personen von Einzelunternehmen und Gesellschaften mit beschränkter Haftung (GmbH) beschäftigt (Schweizerische Eidgenossenschaft, 2017). Im Zusammenhang mit der großen Relevanz der KMU für die Schweizer Volkswirtschaft wird verschiedentlich auf die nachhaltige lokale Verankerung und Verantwortungsübernahme der lokalen Unternehmer/innen hingewiesen. Die lokale Verankerung wiederum wirkt sich positiv auf das Ansehen der Unternehmen aus, wie die Handelszeitung im Rahmen der Präsentation der Schweizer Firmen mit der besten Reputation festhält (Spycher, 2017).

Im vorliegenden Beitrag werden Persönlichkeitsunterschiede zwischen Unternehmer/innen und Manager/innen untersucht. Anhand von Daten, die Anfang 2017 erhoben wurden, werden die Gemeinsamkeiten und Unterschiede zwischen Unternehmer/innen und Manager/innen anhand von zwei Persönlichkeitsfragebögen untersucht. Es handelt sich dabei einerseits um den Persönlichkeitsfragebogen HEXACO-PI-R und andererseits um den Fragebogen zur Erfassung der Karriereorientierungen KO-R1. Beide Fragebogen können auf der Plattform Laufbahndiagnostik (▶ www.laufbahndiagnostik.ch) kostenlos durchgeführt werden.

7.2 Theorie

7.2.1 Unternehmer/innen vs. Manager/innen – Wo liegen die Unterschiede?

7.2.1.1 Wer ist Unternehmer/in?

Boddy (2014) beschreibt Unternehmer/innen als Personen, die Möglichkeiten auf dem Markt erkennen, die von anderen übersehen wurden. Sie sichern dann die nötigen Ressourcen und Kompetenzen, um damit ein profitables Unternehmen zu gründen. Einfacher gesagt, umfasst der Begriff des Unternehmers jede Person, die eine selbstständige Berufstätigkeit ausführt. Dabei spielt es keine Rolle, ob sie diese Tätigkeit als Einzelunternehmerin oder Geschäftsinhaberin mit mehreren Angestellten ausübt. Wichtig ist lediglich, dass die Person Eigentümerin des eigenen Unternehmens und im Unternehmen selbst tätig ist.

7.2.1.2 Was zeichnet Unternehmer/innen aus?

Wie zu vermuten ist, zeichnen sich Unternehmer/innen dadurch aus, dass sie **selbstständig** und **unabhängig** sind (Müller & Gappisch, 2002). Die Aufgaben von selbstständig tätigen Personen sind i. Allg. vielfältiger und weniger geregelt als jene von Angestellten. Dies führt dazu, dass Unternehmer/innen berufliche Überraschungen in Kauf nehmen und improvisieren müssen. Zudem bestehen erhöhte Erwerbsrisiken aufgrund ihrer alleinigen Verantwortung für die Konsequenzen ihres beruflichen Handelns. Dies führt zur Vermutung, dass Unternehmer/innen bereit sein müssen Risiken einzugehen (Brandstätter, 1997; Müller & Gappisch, 2002). In diesem Zusammenhang bringt Brandstätter (1997) die **emotionale Stabilität** ein. Da stets das Risiko besteht, wirtschaftlich zu scheitern, sei eine Person, die sich mit Versagensangst quält, als Unternehmer/in ungeeignet.

Weil Selbstständige einem harten Wettbewerb um Aufträge ausgesetzt sind, müssen sie kundenorientiert agieren können, was wiederum mit sich bringt, dass sie anpassungsfähig sind und mit ihren eigenen Produkten und Dienstleistungen überzeugen müssen (Müller & Gappisch, 2002). In dem Sinne erwähnt Brandstätter (1997) die Wichtigkeit sozialer Kontakte. Als Unternehmer/in muss man Kundinnen und Kunden von der Nützlichkeit des eigenen Produktes oder der angebotenen Dienstleistung überzeugen können, mit ihnen in

Kontakt bleiben und sich ein soziales Netzwerk aufbauen. Aus diesem Grund erleichtert es das Unternehmertum, wenn – wie Brandstätter (1997) vermutet – jemand **extravertiert** ist.

7.2.1.3 Wer ist Manager/in?

Ganz einfach gesagt, umfasst der Begriff der Manger/innen sämtliche Führungskräfte, die mindestens ein Team leiten. Boddy (2014) definiert dabei verschiedene Führungsebenen:
1. First-line managers oder Supervisors: Sie lenken und unterstützen die tägliche Arbeit einer Gruppe von Mitarbeitenden. Sie koordinieren die Arbeit, überwachen die Geschwindigkeit, helfen mit Problemen und können mit den Middle managers zusammenarbeiten, um operationale Entscheidungen bzgl. Mitarbeitenden und Arbeitsmethoden zu treffen.
   Mit anderen Worten handelt es sich hierbei um Manager/innen der unteren Führungsstufe (z. B. Teamleitende).
2. Middle managers: Personen auf dieser Ebene stellen sicher, dass die First-line managers im Einklang mit der Unternehmenspolitik arbeiten. Dazu müssen sie die Unternehmensstrategie in operative Aufgaben übersetzen und somit zwischen der Vision des Senior managements und der operationalen Realität vermitteln. Es handelt sich hierbei auch um die sog. mittlere Führungsebene (z. B. Abteilungsleitende).
3. Senior managers: Sie sorgen dafür, dass die Middle managers, die Lieferanten und andere Firmenpartner einen Mehrwert einbringen. Der oberste unter den Senior managers wird üblicherweise Geschäftsführer oder Chief Executive Officer (CEO) genannt. Er wird von Fachbereichsleitern – wie z. B. Marketingleitern – oder von den Leitenden der Hauptproduktabteilungen unterstützt. Anders formuliert, handelt es sich hierbei um Manager/innen der oberen Führungsstufe (z. B. CEOs).

7.2.1.4 Was zeichnet Manager/innen aus?

Was im Zusammenhang mit Manager/innen immer wieder erwähnt wird, ist ihre **Bereitschaft Risiken einzugehen** (z. B. Müller, 2004; Littmann-Wernli & Schubert, 2002; Gervais, Heaton & Odean, 2002). Da die Handlungsalternativen mit den höchsten Ertragserwartungen häufig jene mit dem höchsten Risiko sind, ist es wichtig, dass sich erfolgreiche Manager/innen für riskante Strategien und hohe Ertragserwartungen entscheiden können, weshalb eine hohe Risikobereitschaft nötig ist (Gervais, Heaton & Odean, 2002). In Zeiten einer volatilen Wirtschaft, verbunden mit wirtschaftlichen Krisen, wie wir sie in den letzten zehn Jahren erlebt haben, haben Beispiele im Finanzbereich oder auch anderen Branchen gezeigt, dass das Eingehen allzu hoher Risiken auch zu kapitalen Verlusten und gar zur Notwendigkeit von Staatseingriffen geführt hat.

Judge, Bono, Gerhardt und Ilies (2002) stellten in ihrer Metaanalyse fest, dass die Persönlichkeitseigenschaft **Extraversion** am engsten mit einem erfolgreichen Führungsverhalten zusammenhängt. Dies liegt wohl daran, dass Eigenschaften wie Durchsetzungsstärke, Geselligkeit, Energetik und Aktivität bei Führungskräften dazu führt, dass sie von ihrem Umfeld als führungsstark wahrgenommen werden. So nennt auch Müller (2004) die **Durchsetzungsbereitschaft** und die **soziale Anpassungsfähigkeit** als wichtige Merkmale erfolgreicher Führungskräfte.

Als weitere Eigenschaften, die mit dem Führungserfolg zusammenhängen, wurden **Gewissenhaftigkeit, Offenheit für neue Erfahrungen** sowie **emotionale Stabilität** genannt. Da Führungskräfte diverse organisationsinterne und -externe Austauschbeziehungen haben und diese pflegen müssen, hängt ihre Eignung zusätzlich davon ab, wie flexibel und situationsgerecht sie mit ihren Kooperationspartnern agieren können. Interessanterweise ergab sich in dieser Metaanalyse kein Zusammenhang mit der Persönlichkeitseigenschaft **Verträglichkeit**. Es scheint, als ob diese Eigenschaft weniger wichtig für ein erfolgreiches Führungsverhalten ist.

7.2.1.5 Persönlichkeitsforschung zu den Persönlichkeitsunterschieden

Mit Blick auf die o. g. Eigenschaften von Manager/innen und Unternehmer/innen scheinen die Gemeinsamkeiten zu überwiegen. Beide Berufsgruppen sind bereit, Risiken einzugehen, sind emotional stabil und extravertiert. In einer Studie aus den 1980er-Jahren wurden das Bedürfnis nach Autonomie, Unabhängigkeit und die Toleranz von Ungewissheit als spezifische Merkmale von Unternehmer/innen hervorgehoben (Sexton & Bowman, 1985).

7.2.1.6 Liegt der Unterschied im Geschlecht?

Dass sich Männer und Frauen unterscheiden, ist weder neu noch überraschend. Doch inwiefern unterscheiden sich die Persönlichkeiten von Männern und Frauen in beruflicher Hinsicht?

Nachdem Frauen in Scharen während der 1970er- und 1980er-Jahre in die bezahlte Arbeitswelt einstiegen, begannen viele von ihnen ihre Bestrebungen aufwärts hin zu männlich dominierten Führungsrollen zu lenken (Lord, Day, Zaccaro, Avolio & Eagly, 2017). Es überrascht daher nicht, dass sich in den 1990er-Jahren Theorie und Forschung dem Thema Geschlecht innerhalb der Führung zuwandte. Es scheint, dass es zwischen den Geschlechtern mehr Unterschiede als zwischen den beiden Berufsgruppen gibt. Im Allgemeinen unterscheiden sich gemäß Brenner, Pringle und Greenhaus (1991) Männer und Frauen in Bezug auf die Werte einer Tätigkeit: So schätzen Frauen Tätigkeiten, die ihnen helfen, ihr Wissen und ihre Fähigkeiten weiterzuentwickeln und sie intellektuell stimulieren. Sie wünschen sich ähnliche Arbeitskollegen sowie angenehme Arbeitskonditionen. Dem gegenüber ziehen Männer ein hohes Einkommen vor, möchten Risiken eingehen und andere beaufsichtigen. Die unterschiedliche Risikobereitschaft erkannten auch Powell und Ansic (1997). Sie fanden heraus, dass Frauen grundsätzlich weniger risikosuchend sind als Männer.

Einem etwas anderen Ansatz folgten Wohlers und London (1989) sowie ein paar Jahre später Lindeman, Sundvik und Rouhiainen (1996). Sie fanden heraus, dass Frauen grundsätzlich ihre eigenen Fähigkeiten und ihr Wissen unterschätzen – besonders im Vergleich zu Männern. Dieses Verkennen von Fähigkeiten trifft v. a. auf Tätigkeiten zu, die als maskulin angesehen werden (Beyer & Bowden, 1997; Beyer, 1998), wie z. B. Management und Unternehmertum (Powell & Butterfield, 1989; Fagenson & Marcus, 1991).

2005 führten Minniti, Arenius und Langowitz die Angst vor dem Scheitern als Grund für das fehlende Interesse von Frauen am Unternehmertum auf. Damit könnte auch zusammenhängen, dass Frauen realistischer bzw. weniger optimistisch als Männer sind (Niederle & Vesterlund, 2007).

7.2.2 Erfassung der Persönlichkeit

Mit vorliegender Untersuchung wurden die Persönlichkeiten von 29 Unternehmer/innen (22 Frauen und 7 Männer) sowie von 63 Manager/innen (34 Frauen und 29 Männer) erhoben. Die Persönlichkeiten wurden mithilfe des Persönlichkeitsfragebogens HEXACO-PI-R und des Fragebogens zur Erfassung der Karriereorientierungen (Karriereanker) KO-R1 erfasst. Was genau hinter diesen Fragebögen steckt, wird in den nächsten Abschnitten kurz erläutert.

7.2.2.1 Das Konzept der Persönlichkeit

Das wissenschaftliche Verständnis von Persönlichkeit beinhaltet gemäß Asendorpf und Neyer (2012) die nichtpathologische Individualität eines Menschen. Diese Individualität bezieht sich auf die körperliche Erscheinung, das Verhalten und Erleben im Vergleich zu einer Referenzpopulation von Personen desselben Alters und derselben Kultur (Asendorpf & Neyer, 2012). Doch wie kann etwas so Profundes erfasst werden? Allport und Odbert (1936) erarbeiteten mittels des sog. **lexikalischen Ansatzes** 18 000 englische Wörter, die verschiedene

Persönlichkeitseigenschaften beschreiben. Dies führte schließlich zur Ausarbeitung von fünf Hauptfaktoren, auch bekannt als das **Fünf-Faktoren-** oder **Big-Five-Modell** (Asendorpf & Neyer, 2012). Das Big-Five-Modell umfasst folgende fünf Persönlichkeitsdimensionen (Schreiber & Mueller, 2017):

- **Neurotizismus** (oder **Emotionale Instabilität**): Emotional instabile Menschen sind tendenziell nervös, unruhig, angespannt und besorgt. Emotional stabile Menschen sind ruhig und zufrieden.
- **Extraversion** (oder **Aufgeschlossenheit**): Extravertierte Menschen sind tendenziell energisch, enthusiastisch, dominierend, gesellig und gesprächig. Introvertierte Menschen sind eher schüchtern, zurückhaltend, unterwürfig und ruhig.
- **Offenheit für neue Erfahrungen**: Offene Menschen erscheinen i. Allg. als phantasievoll, originell und kreativ. Menschen, die nur über ein geringes Ausmaß dieser Dimension verfügen, sind oberflächlich, einfach und schlicht.
- **Gewissenhaftigkeit** (oder **Mangel an Impulsivität**): Gewissenhafte Menschen sind i. Allg. vorsichtig, zuverlässig, gut organisiert und verantwortungsvoll. Impulsive Menschen sind tendenziell unvorsichtig, unordentlich und unzuverlässig.
- **Verträglichkeit**: Sozial verträgliche Menschen sind freundlich, kooperativ, vertrauensvoll und warmherzig. Menschen, die über diese Dimension nur in einem geringen Ausmaß verfügen, sind kalt, streitsüchtig und unfreundlich.

7.2.2.2 Fragebogen zur Erfassung der Persönlichkeit (HEXACO-PI-R)

Weitere Untersuchungen auf dem Gebiet der Persönlichkeitsforschung brachten schließlich die sechste Persönlichkeitsdimension – **Ehrlichkeit-Bescheidenheit** – hervor, woraus Ashton et al. (2004) das HEXACO-Modell entwickelten (s. ◘ Tab. 7.1). Diese Bezeichnung beruht auf der englischen Bezeichnung der sechs Dimensionen (Honesty-Humility – Ehrlichkeit-Bescheidenheit; Emotionality – Emotionalität; Extraversion; Agreeableness – Verträglichkeit; Conscientiousness – Gewissenhaftigkeit; Openness to Experience – Offenheit für Erfahrungen). Der HEXACO-PI-R umfasst 200 Items und beinhaltet für jede Dimension vier Unterskalen mit je acht Items. Dazu kommt eine zusätzliche Unterskala, Altruismus vs. Feindseligkeit, die ebenfalls mit acht Items erfasst wird (s. Schreiber & Mueller, 2017).

Die Items beinhalten jeweils eine Aussage, wobei auf einer 5-stufigen Likert-Skala (starke Zustimmung – starke Ablehnung) angegeben werden kann, inwiefern die Aussage zutrifft oder nicht (Schreiber & Mueller, 2017).

◘ **Tab. 7.1** Dimensionen und Unterskalen des HEXACO-PI-R nach Lee & Ashton (2004)

Dimension	Unterskalen
Ehrlichkeit-Bescheidenheit	Aufrichtigkeit, Fairness, materielle Genügsamkeit, Selbstbescheidung
Emotionalität	Furchtsamkeit, Ängstlichkeit, Abhängigkeit, Sentimentalität
Extraversion	Soziales Selbstvertrauen, soziale Kühnheit, Geselligkeit, Lebhaftigkeit
Verträglichkeit	Nachsichtigkeit, Sanftmut, Kompromissbereitschaft, Geduld
Gewissenhaftigkeit	Organisiertheit, Fleiß, Perfektionismus, Besonnenheit
Offenheit für Erfahrungen	Ästhetik, Wissbegier, Kreativität, Unkonventionalität

7.2.2.3 Fragebogen zur Erfassung der Karriereorientierung (Karriereanker) KO-R1

Grundlage für den Fragebogen zur Erfassung der Karriereorientierung bildet das Konzept der Karriereanker von Edgar Schein, der neun Karriereorientierungen erfasst (s. ◘ Tab. 7.2). Die Karriereanker gehen über die im Fragebogen erfassten Karriereorientierungen hinaus. Sie enthalten zusätzlich zu den Motiven, Interessen

Tab. 7.2 Neun Karriereorientierungen von Edgar Schein nach Schreiber & Nüssli, 2015 (S. 5)

Karriereorientierungen	Beschreibung
Technisch-funktionale Kompetenz (TF)	Menschen mit diesem Karriereanker wollen in dem, was sie tun, besser werden und als Experten geschätzt werden.
Befähigung zum General Management (GM)	Menschen mit diesem Karriereanker wollen Verantwortung übernehmen, Unternehmen managen und Entscheidungen treffen.
Selbstständigkeit bzw. Unabhängigkeit (SU)	Menschen mit diesem Karriereanker suchen die Freiheit. Sie entwickeln sich am besten, wenn sie selbstständig agieren können.
Sicherheit bzw. Beständigkeit (SB)	Für Menschen mit diesem Karriereanker sind ein Langzeitarbeitsplatz und regelmäßige Tätigkeiten von großer Wichtigkeit.
Unternehmertum (UT)	Menschen mit diesem Karriereanker wollen ein eigenes Unternehmen aufbauen und Verantwortung übernehmen.
Kreativität (KR)	Menschen mit diesem Karriereanker wollen Neues gestalten und ihr kreatives Potenzial ausleben.
Dienst und Hingabe für eine Idee oder Sache (DH)	Menschen mit diesem Karriereanker geht es um die Verwirklichung ihrer Werte und die Verbesserung der Welt.
Totale Herausforderung (TH)	Menschen mit diesem Karriereanker suchen stetig nach großen Herausforderungen. Sie stehen im ständigen Wettbewerb mit dem Ziel, sich gegenüber anderen zu behaupten und als Gewinner hervorzugehen.
Lebensstilintegration (LS)	Menschen mit diesem Karriereanker wollen ihren Lebensstil verwirklichen und verzichten dafür beispielsweise auch auf einen beruflichen Aufstieg.

und Werthaltungen der Karriereorientierungen die Fähigkeiten und Kompetenzen, die mithilfe eines Interviews erfasst werden (s. dazu Schreiber & Nüssli, 2015).

Besonders bei wichtigen Laufbahnentscheidungen können Karriereanker wichtige Anhaltspunkte für den beruflichen Werdegang einer Person aufzeigen. Gelingt es einer Person, innerhalb ihres beruflichen Umfeldes alle drei Komponenten des Karriereankers erfolgreich umzusetzen, entwickelt sich eine stabile Karriereidentität (Schreiber & Nüssli, 2015).

Der Fragebogen zur Erfassung der Karriereorientierungen umfasst insgesamt 45 Items, die neun Karriereorientierungen sind jeweils aus fünf Items zusammengesetzt. Auf einer 5-stufigen Likert-Skala kann zwischen den Antwortmöglichkeiten von „trifft gar nicht zu" bis „trifft völlig zu" ausgewählt werden.

7.3 Fragestellung und Stichprobe

Wie oben beschrieben, gibt es viele Ähnlichkeiten zwischen Managern und Unternehmern. Die Forschung, die unmittelbar die Persönlichkeiten von Manager/innen und Unternehmer/innen vergleicht, fiel bisher jedoch eher karg aus. Mit vorliegender Untersuchung wurden anhand von 92 Probanden mithilfe des umfassenden Persönlichkeitsfragebogens HEXACO-PI-R und mittels des Fragebogens zur Erfassung der Karriereorientierungen KO-R1 die Persönlichkeiten von 63 Manager/innen und 29 Unternehmer/innen erfasst (s. Tab. 7.3).

Grundsätzlich geht es darum, mögliche Persönlichkeitsunterschiede zwischen diesen beiden Berufsgruppen (berufliche Position) aufzudecken. Des Weiteren werden Persönlichkeitsunterschiede von Manager/innen unterschiedlicher Führungsstufen untersucht. Die Manager/innen verteilen sich wie folgt auf die unterschiedlichen Führungsstufen: untere Führungsstufe = 23; mittlere Führungsstufe = 19; obere Führungsstufe = 15. Als zusätzliche

Tab. 7.3: Stichprobe der Manager/innen und Unternehmer/innen

			Geschlecht		
			Frauen	Männer	Gesamt
Berufliche Position	Unternehmer	Anzahl	22	7	29
		% innerhalb berufl. Position	75,9%	24,1%	100%
	Manager	Anzahl	34	29	63
		% innerhalb berufl. Position	54%	46%	100%
Gesamt		Anzahl	56	36	92
		% innerhalb berufl. Position	60,9%	39,1%	100%

Variable wird das Geschlecht in die Untersuchung einbezogen, um differenzierende Persönlichkeitseigenschaften zwischen Männern und Frauen aufzuzeigen. Außerdem wurde anhand des Fragebogens zur Erfassung der Karriereorientierungen untersucht, ob sich bei den Managern und Unternehmern Unterschiede bzgl. der Motive, Interessen und Werthaltungen zeigen.

7.4 Ergebnisse

7.4.1 Persönlichkeit (HEXACO-PI-R)

◘ Abb. 7.1 zeigt die Mittelwerte der jeweiligen Persönlichkeitsausprägungen für Unternehmer/innen und Manager/innen. Wie aus dem Persönlichkeitsprofil ersichtlich, finden sich die größten Unterschiede in der Dimension Ehrlichkeit-Bescheidenheit. Manager/innen (M = 3.55) erzielten in dieser Dimension signifikant höhere Werte als Unternehmer/innen (M = 3.24; $F(1, 88) = 5.53$ p = .02). Mit Blick auf die Facetten dieser Dimension kann festgehalten werden, dass sich die Manager/innen und Unternehmer/innen in den Facetten materielle Genügsamkeit ($F(1, 88) = 4.14$, p = .05), Selbstbescheidung ($F(1, 88) = 5.19$, p = .03) sowie Aufrichtigkeit ($F(1, 88) = 5.41$, p = .02) unterscheiden. Bei allen drei Unterskalen erzielten Manager/innen höhere Werte als Unternehmer/innen.

Geschlechtsunterschiede treten bei der Dimension Gewissenhaftigkeit auf ($F(1, 88) = 5.00$, p = .03), wobei sich dieser signifikante Zusammenhang aufgrund der Facette Besonnenheit ($F(1, 88) = 7.04$, p = .01) ergibt. Männer (M (Unternehmer) = 3.61, M (Manager) = 3.49) schätzen sich als besonnener ein als die Frauen (M (Unternehmerinnen) = 3.17, M (Managerinnen) = 3.15), unabhängig von der beruflichen Position.

◘ Abb. 7.2 zeigt die Mittelwerte der jeweiligen Persönlichkeitsausprägungen des HEXACO-PI-R für die einzelnen Führungsstufen des Managements.

Mit Blick auf die einzelnen Führungsstufen ergeben sich bzgl. der einzelnen Stufen keine signifikanten Unterschiede. Allerdings ergeben sich auch hier signifikante Geschlechtsunterschiede in den Dimensionen Gewissenhaftigkeit ($F(1, 57) = 6.16$, p = .02) sowie Offenheit für Erfahrungen ($F(7, 57) = 4.38$, p = .04). Weibliche Führungskräfte aller Führungsstufen stimmen den Items zur Gewissenhaftigkeit und zur Offenheit für neue Erfahrungen weniger stark zu als männliche.

Der Geschlechtsunterschied in der Dimension Gewissenhaftigkeit bezieht sich ähnlich wie beim Vergleich zwischen den Manager/innen und Unternehmer/innen auf die Facetten Fleiß ($F(1, 57) = 4.52$, p = .04) und Besonnenheit ($F(1, 57) = 6.14$, p = .02). Frauen stimmen den Items zu den beiden Dimensionen jeweils weniger stark zu als Männer. Bei der Dimension Offenheit für

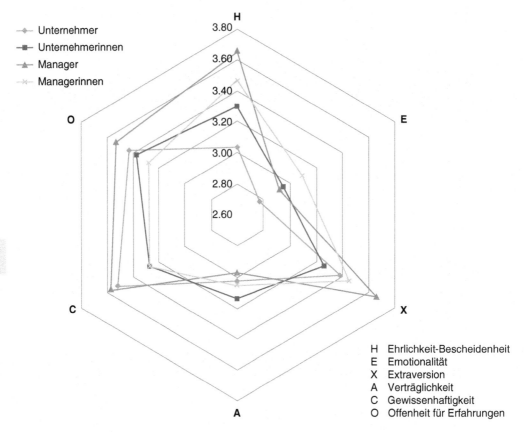

◘ Abb. 7.1 HEXACO-PI-R – Mittelwerte der Manager/innen und Unternehmer/innen

Erfahrungen sind die Unterschiede auf die Facette Wissbegier zurückzuführen (Gesamtmodell: F(5, 57) = 4.25, p < .01, Geschlecht: F(1, 57) = 16.16, p < .01). Auch hier erreichten weibliche Führungskräfte weniger hohe Werte als männliche.

7.4.2 Karriereorientierungen

◘ Abb. 7.3 zeigt die Mittelwerte der jeweiligen Ausprägungen der Karriereorientierungen für Unternehmer/innen und Manager/innen. Erwartungsgemäß besteht der größte Unterschied in der Karriereorientierung Unternehmertum (Gesamtmodell: F(3, 88) = 9.37, p < .01, Berufliche Position: (F(1, 88) = 20.56, p < .01). Diese Dimension zielt darauf ab, Personen zu identifizieren, deren Bedürfnis es ist, ein eigenes Produkt oder eine eigene Dienstleistung am Markt zu platzieren und erfolgreich ein eigenes Unternehmen zu gründen. Unternehmer/innen (M(m) = 3.8, M(f) = 3.99) haben wie erwartet eine höhere Ausprägung in dieser Dimension als Manager/innen (M(m) = 2.63, M(f) = 2.54).

Unterschiede zwischen Manager/innen und Unternehmer/innen finden sich zudem in den Karriereorientierungen Sicherheit-Beständigkeit sowie Selbstständigkeit-Unabhängigkeit. Während für Manager (M = 3.63) und Managerinnen (M = 3.51) Sicherheit und Beständigkeit wichtig ist, streben Unternehmer (M = 2.97) und Unternehmerinnen (M = 2.95) viel weniger nach einem sicheren Arbeitsplatz und vorhersehbaren Tätigkeiten (Gesamtmodell: (F(3, 88) = 3.48, p = .019). Dabei spielt v. a. die berufliche Position und weniger das

Persönlichkeitsunterschiede von Manager/innen und ...

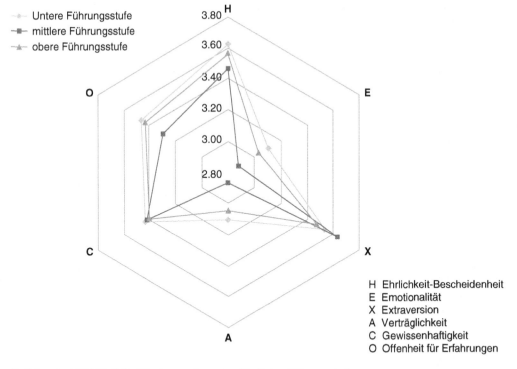

◘ Abb. 7.2 HEXACO-PI-R – Mittelwerte der unterschiedlichen Führungsstufen

Geschlecht eine Rolle (Berufliche Position: F(1, 88) = 8.08, p = .01).

Ähnlich verhält es sich mit der Karriereorientierung Selbstständigkeit-Unabhängigkeit. Unternehmer/innen (M(m) = 4.6, M(f) = 4.47) streben mehr danach, ihre Arbeit selbstständig und ohne ständige Kontrolle anderer auszuführen als Manager/innen (M(m) = 4.27, M(f) = 4.08). Auch hier spielt das Geschlecht keine Rolle, sondern die berufliche Position (F(1, 88) = 5.59, p = .02).

◘ Abb. 7.4 zeigt die Mittelwerte der jeweiligen Karriereorientierung des KO-R1 für die einzelnen Führungsstufen des Managements. Werden lediglich die einzelnen Führungsstufen betrachtet, zeigt als einzige Karriereorientierung das General Management signifikante Unterschiede auf (F(2, 63) = 7.87, p < .01). Die mittlere Führungsstufe hat dabei die höchsten Werte, danach folgt die obere Führungsstufe und die niedrigsten Werte zeigen sich in der unteren Führungsstufe.

7.5 Diskussion und Konklusion

7.5.1 Persönlichkeit (HEXACO-PI-R)

Wie erwartet, gibt es bzgl. der Persönlichkeit keine großen Unterschiede zwischen den Manager/innen und Unternehmer/innen und die vorliegende Untersuchung stützt die früheren Befunde, wonach sich Manager/innen und Unternehmer/innen ähnlich sind.

Die höheren Werte der Manager/innen in der Dimension Ehrlichkeit-Bescheidenheit waren nicht zu erwarten und deren Interpretation stellt eine Herausforderung dar. Ein möglicher Grund könnte z. B. sein, dass jemand, der das Bedürfnis nach Materiellem hat, auch eher ein eigenes Geschäft besitzen möchte. Jemand, der materiell genügsam und bescheiden ist, gibt sich möglicherweise eher damit zufrieden, in einem Unternehmen angestellt zu sein und innerhalb einer Firma, die ihm/ihr nicht gehört, Karriere zu machen. Demgegenüber ist

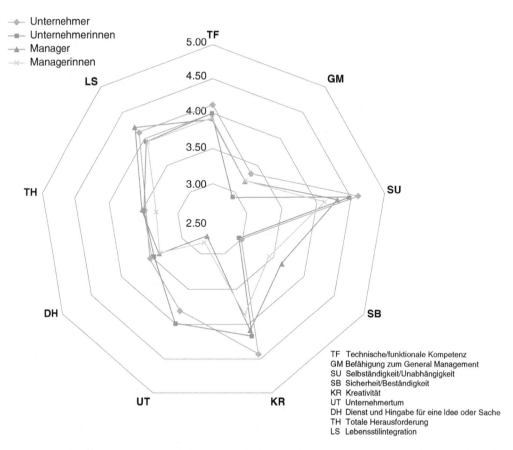

● Abb. 7.3 KO-R1 – Mittelwerte der Manager/innen und Unternehmer/innen

es gut möglich, dass Unternehmer/innen eher nach Prestige streben und es genießen, ihren Namen mit dem Unternehmen zu identifizieren. In Bezug auf die Aufrichtigkeit könnten die Unterschiede damit zu tun haben, dass Unternehmer/innen näher am Markt sind, wodurch sie im direkten Austausch mit möglichen Klientinnen und Klienten sind. So könnte es durchaus sein, dass Unternehmer/innen im Vergleich zu Manager/innen freundlicher und dafür weniger aufrichtig sind, um potenzielle Kunden nicht vor den Kopf zu stoßen – somit würde es sich hierbei eher um eine strategische Unaufrichtigkeit und nicht um eine generelle handeln.

Bei detaillierter Betrachtung zeigen sich verschiedene Geschlechtsunterschiede, insbesondere auf der Ebene der unterschiedlichen Führungsstufen, aber auch zwischen Manager/innen und Unternehmer/innen. Unternehmer und Manager unterscheiden sich von ihren weiblichen Kolleginnen in der Facette Besonnenheit. Personen mit hohen Werten bei der Facette Besonnenheit zeichnen sich dadurch aus, dass sie fähig sind Impulse zu unterdrücken, ihre Optionen sorgfältig abwägen und eher vorsichtig und kontrolliert handeln (Lee & Asthon, 2004). Es scheint also, dass Frauen eher dazu tendieren, aus dem Bauch heraus zu entscheiden, und Männer mehr Zurückhaltung üben und weniger spontan sind.

Werden die einzelnen Führungsstufen der Manager/innen betrachtet, fallen auf das Geschlecht bezogen die Dimensionen Gewissenhaftigkeit (Facetten Fleiß und Besonnenheit) und Offenheit für Erfahrungen (Facette Wissbegier) signifikant aus. Bei der Facette

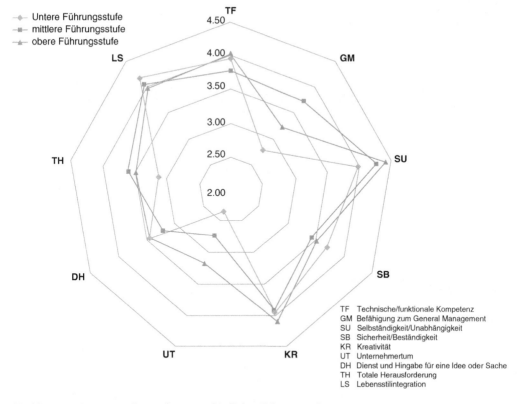

Abb. 7.4 KO-R1 – Mittelwerte der unterschiedlichen Führungsstufen

Fleiß beziehen sich viele Items darauf, sich ehrgeizige Ziele zu setzen und sich anderen gegenüber zu behaupten. Weibliche Führungskräfte scheinen somit weniger das Bedürfnis zu haben, sich anderen gegenüber zu behaupten. Die unterschiedlichen Werte in der Facette Besonnenheit wurden bereits im letzten Abschnitt erläutert. Dass weibliche Führungskräfte weniger wissbegierig als männliche sind, widerspricht auf den ersten Blick dem, was Brenner et al. (1991) herausgefunden haben (s. ▶ Abschn. 7.2.1 „Liegt der Unterschied im Geschlecht?"). Die Items zur Wissbegier im HEXACO-PI-R beziehen sich aber auf das Allgemeinwissen. Brenner et al (1991) halten fest, dass Frauen im Beruf Tätigkeiten suchen, die ihr berufliches Wissen erweitern. Männer scheinen aber wissbegieriger zu sein, wenn es um das Allgemeinwissen geht, auch wenn es für den beruflichen Kontext nicht relevant ist. Im Zusammenhang mit dem von Lindeman, Sundvik und Rouhiainen (1996) entdeckten Ergebnis, dass Frauen ihr Wissen im Vergleich zu den Männern unterschätzen, könnte es sein, dass auf den Beruf bezogen Frauen wissbegieriger sind, weil sie das Gefühl haben, ihren männlichen Kollegen unterlegen zu sein. Im Alltag jedoch scheinen sie dann weniger daran interessiert zu sein, ihr Wissen zu erweitern. Möglicherweise auch deshalb, weil sie sich im Alltag weniger beweisen müssen als Männer.

7.5.2 Karriereorientierungen (KO-R1)

Im Gegensatz zu den Persönlichkeitseigenschaften zeigen sich bei den Karriereorientierungen drei zentrale und inhaltlich gut nachvollziehbare Unterschiede zwischen Manager/innen und Unternehmer/innen. Kaum überraschend ist auch, dass sich keine signifikanten Ergebnisse bei der Karriereorientierung General Management ergeben. Sowohl Unternehmer/innen als auch Manager/innen wollen schließlich Verantwortung übernehmen, ein Unternehmen managen und Entscheidungen treffen. Es zeigt sich aber wie erwartet, dass Manager/innen im Unterschied zu den Unternehmer/innen dies nicht mit einem eigenen Unternehmen erreichen wollen. Zwar möchten Manager/innen Verantwortung übernehmen, ihr Bedürfnis nach einem eigenen Produkt oder einer eigenen Dienstleistung auf dem Markt ist jedoch im Vergleich zu den Unternehmern/innen um einiges geringer.

Wahrscheinlich wagen die Unternehmer/innen den Schritt in die Selbstständigkeit nicht zuletzt deswegen, weil ihr Bedürfnis nach Sicherheit und Beständigkeit weniger stark ausgeprägt ist als das der Manager/innen. Dies hängt in gewisser Weise auch mit der Risikobereitschaft zusammen. Da bei Unternehmer/innen stets das Risiko besteht, wirtschaftlich zu scheitern, ist dieser Schritt auch eher für Personen geeignet, denen Sicherheit und Beständigkeit nicht so wichtig sind. Ähnlich kann beim Bedürfnis nach Selbstständigkeit und Unabhängigkeit argumentiert werden. Führungskräfte in größeren Unternehmen haben meistens eine Person, die ihnen hierarchisch vorgesetzt ist, einen Verwaltungsrat o. Ä., weshalb sie nie ganz unabhängig agieren können. Personen, die nach Freiheit und Unabhängigkeit streben, tendieren folglich auch eher dazu ein eigenes Unternehmen zu gründen, um sich selbst zu entfalten und verwirklichen.

7.5.3 Konklusion

Schlussfolgernd kann zusammengefasst werden, dass sich Manager/innen und Unternehmer/innen bezogen auf die Persönlichkeit sehr ähnlich sind. Unterschiede zeigen sich weniger bei den Persönlichkeitseigenschaften als bei den Karriereorientierungen, also bei den Motiven, Interessen und Werthaltungen. Unternehmer/innen sind weniger sicherheitsorientiert und suchen stärker die Unabhängigkeit. Zudem möchten sie ein eigenes Produkt oder eine eigene Dienstleistung am Markt anbieten und wagen deshalb den Schritt in die Selbstständigkeit, während Manager/innen eine Laufbahn innerhalb eines Unternehmens anstreben, das ihnen nicht gehören muss.

Literatur

Allport, G. W. & Odbert, H. S. (1936). Trait-names. A psycho-lexical study. *Psychological Monographs*, 47, 1–171.

Ashton, M. C., Lee, K., Perugini, M., Szarota, P., De Vries, R. E., Di Blas, L., Boies, K., & De Raad, B. (2004). A six-factor structure of personality-descriptive adjectives: Solutions from psycholexical studies in seven languages. *Journal of Personality and Social Psychology*, 86, 356-366. doi: https://doi.org/10.1037/0022-3514.86.2.356

Asendorpf, J. B. & Neyer, F. J. (2012). *Psychologie der Persönlichkeit* (5. Aufl.). Berlin: Springer.

Boddy, D. (2014). *Management An Introduction* (6. Aufl.). Edinburgh: Pearson.

Brandstätter, H. (1997). Becoming an entrepreneur – a question of personality structure? *Journal of Economic Psychology*, 18, 157–177. doi: https://doi.org/10.1016/S0167-4870(97)00003-2

Beyer, S. (1998). Gender differences in self-perception and negative recall biases. *Sex Roles, 38,* 103.133.

Beyer, S. & Bowden, E. M. (1997). Gender differences in self-perceptions: Convergent evidence from three measures of accuracy and bias. *Personality and Social Psychology Bulletin, 23,* 157–172.

Fagenson, E. A. & Marcus, E. C. (1991). Perceptions of the sex-role stereotypic characteristics of entrepreneurs: Women's evaluations. *Entrepreneurship Theory and Practice, 15,* 33–47.

Gervais, S., Heaton, J. B. & Odean, T. (2002). *The Positive Role of Overconfidence and Optimism in Investment Policy*. Wharton School, University of Pennsylvania.

Lee, K. & Asthon, M. C. (2004). Psychometric Properties of the HEXACO-Personality Inventory. *Multivariate Behavioral Research, 39,* 329-358. doi: https://doi.org/10.1207/s15327906mbr3902_8

Lindeman, M, Sundvik, L. & Rouhiainen, P. (1995). Underestimation or overestimation of self-person variables and self-assessment accuracy in work settings. *Journal of Social Behavior and Personality, 10,* 123–134.

Littmann-Wernli, S. & Schubert, R. (2002). Stereotypien und die „Gläserne Decke" in Unternehmen. *Wirtschaftspsychologie*, 1, 22–28.

Lord, R. G., Day, D. V., Zaccaro, S. J., Avolio, B. J. & Eagly, A. H. (2017). Leadership in Applied Psychology: Three Waves of Theory and Research. *Journal of Applied Psychology*, 102, 434-451. https://doi.org/10.1037/apl0000089

Minniti, M., Arenius, P., Langowitz, N. (2005). *Global entrepreneurship monitor: 2004 report on women and entrepreneurship.* Centre of Women's Leadership at Babson College/London Business School.

Müller, G. F. (2004). Eignungsvoraussetzungen von Spitzenführungskräften. *Wirtschaftspsychologie*, 3, 5–12.

Müller, G.F. & Gappisch, C. (2002). Existenzgründung – Persönlichkeit als Startkapital. *Wirtschaftspsychologie*, 2, 28–33.

Niederle, M. & Vesterlund, L. (2007). Do women shy away from competition? Do men compete too much? *Quarterly Journal of Economics, 122,* 1067–1101.

Powell, M. & Ansic, D. (1997). Gender differences in risk behavior in financial decision-making: An experimental analysis. *Journal of Economic Psychology*, 18, 605–628.

Powell, G. N. & Butterfield, D. A. (1989). The "good manager": Did androgyny fare better in the 1980s? *Group and Organization Studies, 14,* 216–233.

Schreiber, M. & Mueller, I. M. (2017). *Handbuch HEXACO Personality Inventory-Revised (HEXACO-PI-R).* https://laufbahndiagnostik.ch/assets/de/Handbuch_Fragebogen_HEXACO-PI-R-a11f1b6536130809bebaf6cd-13db6db6559bfbf401d016b298494021efd7a464.pdf. Zugegriffen: 12.09.2017

Schreiber, M. & Nüssli, N. (2015). *Handbuch Fragebogen zur Erfassung der Karriereorientierungen (KO-R).* https://www.laufbahndiagnostik.ch/assets/de/Handbuch_Fragebogen_Karriereorientierungen_KO-R-43db8c4da055fad448329c8f96105f-0c22232b2b978f89f687bced2a68bb7e65.pdf. Zugegriffen: 12.09.2017

Schweizerische Eidgenossenschaft (2017). *KMU in Zahlen: Firmen und Beschäftigte.* https://www.kmu.admin.ch/kmu/de/home/kmu-politik/kmu-politik-zahlen-und-fakten/kmu-in-zahlen/firmen-und-beschaeftigte.html. Zugegriffen: 12.09.2017

Spycher, N. (2017). *Diese Schweizer Unternehmen haben den besten Ruf.* http://www.handelszeitung.ch/unternehmen/diese-schweizer-firmen-haben-den-besten-ruf-1373508. Zugegriffen: 12.09.2017

Wohlers, A. J. & London, M. (1989). Ratings of managerial characteristics: Evaluation difficulty, co-worker agreement and self-awareness. *Personnel Psychology, 42,* 235–261.

Das Dinosaurierprinzip

Gescheitert oder gescheiter? Gezieltes Risiko als Notwendigkeit zum Erfolg

Andreia R.S. Fernandes

8.1 Einleitung – 78

8.2 Warum Dinosaurier? – 78

8.3 Das Dinosaurierprinzip – 79

8.4 Phase 1: Das „U" – 79
8.4.1 Phase a: This is awesome – Begeisterung – 81
8.4.2 Phase b: This is tricky – Erste Zweifel – 81
8.4.3 Phase c: This is s**t/I am s**t – Der absolute Tiefpunkt – 81
8.4.4 Phase d: This might work – Der Aufstieg – 82
8.4.5 Phase e: This is awesome – wieder begeistert – 83

8.5 Phase 2: Der erste Höhepunkt – es kann nur noch bergab gehen? – 83

8.6 Phase 3: Der Kopf des Dinosauriers – Das Mindset des kontinuierlichen Wachstums – 88

Literatur – 90

© Springer-Verlag GmbH Deutschland 2018
C. Negri (Hrsg.), *Psychologie des Unternehmertums*, Der Mensch im Unternehmen: Impulse für Fach- und Führungskräfte, https://doi.org/10.1007/978-3-662-56021-1_8

8.1 Einleitung

> Taking wrong turns that lead to surprising passageways […] Future generations will thank you […] for beating brave new footpaths out of wonky old mistakes.
> (Elizabeth Gilbert)

Wer wüsste mehr über das Scheitern zu berichten als Bestseller-Autorin („Eat, pray, love") Elizabeth Gilbert. Rund sieben Jahre arbeitete sie als Bedienung in einer Bar und bekam jede Woche mehrere Absagen von Verlagen zugesandt, bevor ihr erstes Buch publiziert wurde. Nach einer gescheiterten Ehe verlor sie praktisch all ihre Ersparnisse im Scheidungsprozess. Trotz des Risikos, noch einen Fehler mehr zu machen, verließ sie ihren sicheren Job und nahm sich ein Jahr Auszeit, um die Welt zu bereisen.

Elizabeth Gilbert entschied sich konstant für das Risiko – und das Blatt begann sich zu wenden. Noch vor ihrer Abreise bekam sie einen Vertrag für das Buch, das sie über ihre Erlebnisse in Italien, Indien und Bali schreiben sollte. Resultat all dieser Fehler ist der internationale Bestseller „Eat pray love", der 2010 mit der Oscar-Preisträgerin Julia Roberts verfilmt wurde.

Zählt man die Absagen der vorherigen Jahre zusammen, so stehen diese zu den Zusagen etwa in einem Verhältnis von 1 : 1000. **Es scheint, als gäbe es in einer Karriere durchschnittlich deutlich mehr Fehler als Erfolge zu verbuchen.** Und trotzdem stehen sie nicht im Lebenslauf, werden kaschiert oder vertuscht.

Fehler fristen immer noch ein trauriges Schattendasein in unserem Kulturkreis. Jeder macht sie – aber kaum einer spricht darüber. Man schämt sich ihrer – und doch wissen wir insgeheim, dass wir viele Fehler machen mussten, um dorthin zu gelangen, wo wir heute stehen.

In diesem Kapitel werden wir tatsächlich fast nur über Fehler sprechen und darüber, wie „gezieltes Scheitern" uns schneller zum Erfolg führt. Eben hier setzt das Dinosaurierprinzip ein.

8.2 Warum Dinosaurier?

Dinosaurier sind vermeintlich ausgestorben und doch befinden sie sich bis heute unter uns. Im übertragenen Sinne spricht man gerne von einem Dinosaurier, um langsame und oft veraltete Prozesse zu beschreiben.

Doch die einstigen Riesen überlebten rein genetisch ausgerechnet in äußerst leichtgewichtigen Wesen – in den Vögeln. Und kurioserweise wurde der „frühe Vogel" zu einem Sinnbild für erfolgreiche Geschäfte – „der frühe Vogel fängt den Wurm": Wer früh aufsteht, früh dran ist oder auch einfach früh Entscheidungen trifft, der hat laut diesem Sprichwort einen klaren Vorteil. Auf dieses Thema wird im Folgenden noch genauer eingegangen.

Die direkte genetische Verwandtschaft zwischen einem Dinosaurier und einem Kolibri zeigt, dass der Schein – wie so oft – trügt: Der Mensch wähnt sich heute als „Homo sapiens sapiens" und der Steinzeit längst entwachsen. Doch Evolutionsbiologen und Hirnforscher haben festgestellt, dass dem nicht so ist. In Studien wurde das menschliche Handeln, das oft nicht logisch nachvollziehbar ist, detailliert untersucht und festgestellt, dass es auf neurologischer Ebene nur in einem geringen Maß vom Großhirn gesteuert wird. Der sog. Vernunftmensch scheint aus wissenschaftlicher Sicht kaum mehr zu sein als eine menschliche Wunschvorstellung.

Doch wer steuert dann unsere Aktionen? Hier kommt der Dinosaurier wieder ins Spiel. Das sog. Reptiliengehirn oder der Hirnstamm lenkt seit gut 3,4 Millionen Jahren – seit der Altsteinzeit – unser Gehirn mit „limbischen Instruktionen", gespeist durch Erfahrungswerte von Aktionen, die sich als erfolgversprechend erwiesen haben (Häusel, 2000).

Das Reptiliengehirn oder Stammhirn stellt den ältesten Teil des menschlichen Gehirnes dar. Alle Wirbeltiere besitzen es. Seine Hauptaufgabe betrifft die Sicherstellung des Überlebens und der Arterhaltung. Vor allem in Stresssituationen und bei Schwächung des Großhirns agieren wir förmlich ferngesteuert nach einem uralten Programm, das vom Stammhirn aus gelenkt wird. Und genau dieser Umstand macht den schwer planbaren menschlichen Faktor im Business aus (Schäfers, 2015).

Fakt ist, dass wir in unserem Stammhirn Reaktionen auf Urängste verankert haben. So kommt es z. B. zu der bekannten „Fight-or-flight-Reaktion". Das heißt, wir reagieren in Gefahrensituationen – wie ein Tier in der freien Wildbahn – aus unserem Instinkt heraus und kämpfen („fight") oder ergreifen die Flucht („flight").

Doch das Reptiliengehirn birgt auch ein starkes Potenzial, das wir uns zunutze machen können. Es spart uns v. a. Zeit: Was einmal abgespeichert ist, kann immer wieder automatisch abgerufen werden. Und nicht nur das: Die unterbewussten Programme sind nicht in Stein gemeißelt. Mit kontinuierlichem Training können wir sie modifizieren. Im übertragenen Sinne spricht man hier von der Komfortzone eines Menschen. Durch ein regelmäßiges Überschreiten der durch Urängste abgesteckten Handlungsrahmen kann die Komfortzone vergrößert und erweitert werden. Ähnlich wie es beim Muskeltraining vonstattengeht, sind dabei die Faktoren Ausdauer und Kontinuität maßgeblich für den Erfolg (Häusel, 2000).

Von den Dinosauriern kann der zivilisierte Mensch von heute noch deutlich mehr lernen. Die schwerfälligen Dickhäuter zeichnen sich durch Ausdauer und Resilienz aus. Mit Resilienz ist die Fähigkeit gemeint, sich von Misserfolgen zu erholen. Die Dinosaurier kamen – in ihrer Zeit – langfristig zum Erfolg und setzten sich bis heute durch. Dabei verwandelten sie sich vom behäbigen Riesen in eines der leichtesten Geschöpfe der Erde.

Gerade das bewusste Riskieren des Scheiterns – und damit also das wiederholte Verlassen unserer Komfortzone – als Weg zum Erfolg ist in unserer mitteleuropäischen Gesellschaft noch kaum etabliert. Erfolge werden mit Erfolgsfaktoren verglichen und selten wird in Betracht gezogen, dass gerade das Riskieren von Misserfolgen zu diesen Erfolgen geführt haben könnte (Krakovsky, 2004).

In den USA wird zwar ein deutlich besserer Umgang mit dem Thema gepflegt, aber auch dort gibt es bis dato sehr wenige wissenschaftliche Studien. Hier ist noch ein weites Forschungsfeld zu erschließen (Krakovsky, 2004).

8.3 Das Dinosaurierprinzip

Basierend auf Studien, Beobachtungen und Erkenntnissen entwickelte die Autorin im Laufe von zahlreichen Beratungsmandaten und Business Coachings über mehrere Jahre ein System. Dieses analysiert Schritt für Schritt, wie Unternehmerinnen und Unternehmer sich den „Muskel Komfortzone" zunutze machen können und welche der dabei betroffenen psychologischen Faktoren schließlich zum Erfolg führen. Im Folgenden wird das Dinosaurierprinzip Phase für Phase beleuchtet (◘ Abb. 8.1).

Als Anschauungsmaterial dient eine Grafik, in der die Hochs und Tiefs innerhalb eines Projektes, Lern- oder Entwicklungsprozesses nachgezeichnet werden. Das Resultat: ein einfacher Dinosaurier (◘ Abb. 8.2)!

8.4 Phase 1: Das „U"

Bei Gründern und Unternehmern, die ganz am Anfang ihres Unterfangens stehen, lässt sich eine sog. psychologische „U"-Kurve beobachten (in der Grafik des Business-Dinosauriers bildet es den Schwanz des Wirbeltieres). Zeichnet man in einem Koordinatensystem mit der X-Achse „Zeit" und der Y-Achse „Emotionales Stadium" den Verlauf des Projektes nach, so zeigt sich eine u-förmige Entwicklung, die direkte Parallelen zu dem kreativen Prozess nach Marcus Romer[1] aufweist. Die Y-Achse steht hier für den emotionalen Zustand des Unternehmers bzw. der Unternehmerin.

---

1 Die Quelle ist unbekannt – das Prinzip geht auf einen Tweet im Jahre 2017 mit dem Titel „The creative process" von Marcus Romer zurück. Twitter. Url: ▶ https://twitter.com/dolectures/status/863423717984043010

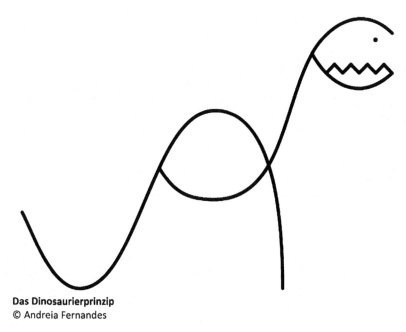

Abb. 8.1 Dinosaurierprinzip. (Copyright: Andreia R.S. Fernandes)

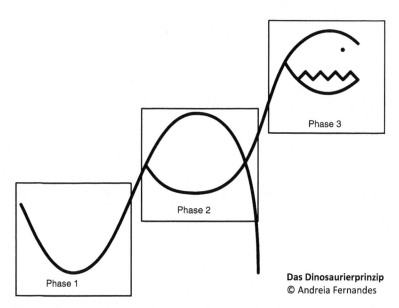

Abb. 8.2 Einzelne Abschnitte des Dinosaurierprinzips. (Copyright: Andreia R.S. Fernandes)

Diese Untersuchung gilt lediglich für unternehmerische Projekte und nicht für Produkte. Produktentwicklungen können sich sehr komplex entwickeln und unterliegen deutlich mehr Schwankungen. Im Folgenden wird der Entwicklungsprozess eines Unternehmers in der Start-up-Phase beschrieben (Abb. 8.3).

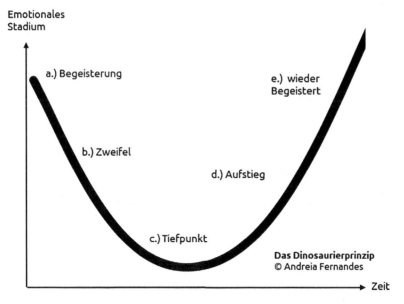

Abb. 8.3 Das „U"

8.4.1 Phase a: This is awesome – Begeisterung

Der Anfang eines Projektes beginnt generell sehr optimistisch. Die Visionen scheinen zum Greifen nah zu sein und der emotionale Zustand des Unternehmers und seines Teams ähnelt dem sog. „Honeymoon" im interkulturellen Kontext, wenn man aus freier Entscheidung in ein anderes Land immigriert. Alle Erlebnisse in dieser Phase werden zunächst positiv bewertet und die Herausforderungen als spannend empfunden. Starke Visionäre schaffen es, dieses euphorische und (über-)optimistische Bild nie aus den Augen zu verlieren und überstehen so die kommenden Phasen. In diesem Anfangsmoment bewegt sich der Unternehmer ganz bewusst aus seiner Komfortzone heraus.

8.4.2 Phase b: This is tricky – Erste Zweifel

Nun werden erste Analysen angefertigt und der Unternehmer stellt möglicherweise fest, dass es bereits Unternehmen gibt, die ein ähnliches Produkt oder eine ähnliche Dienstleistung anbieten. Auf der To-do-Liste stehen nun subjektiv weniger angenehme Dinge wie etwa Steuerfragen oder rechtliche Aspekte.

Man wird mit ersten Hindernissen konfrontiert. Nach und nach kommen Zweifel am Projekt auf und Kritik von außen ist zu vernehmen. Je nach Unternehmertyp geraten bereits andere Projekte in den Vordergrund und man spielt mit dem Gedanken aufzugeben. Oder man stellt schlicht und ergreifend fest, dass man das Projekt nicht richtig eingeschätzt hat.

Nach den primären Schritten aus der Komfortzone heraus begegnet der Unternehmer nun den ersten Hindernissen und Herausforderungen.

8.4.3 Phase c: This is s**t/I am s**t – Der absolute Tiefpunkt

Nun kommt es zum absoluten Tiefpunkt im Projektverlauf. Die Hindernisse ließen sich nicht auf Anhieb beseitigen und man fühlt sich überfordert. Man lehnt das Projekt ab, verliert die Vision oder den Glauben daran oder sogar an sich selbst.

In diesem Stadium kommt es zu einer natürlichen Auslese. Viele Unternehmerinnen und Unternehmer geben jetzt auf. Man macht dabei gerne Schritte zurück in das Altbewährte (die Komfortzone), sucht sich ggf. wieder eine Festanstellung oder widmet sich einfach einem neuen Projekt.

Dabei spielen natürlich auch externe Faktoren wie etwa das Ausschöpfen des Kapitals, ein Stocken des Cashflows und das Abspringen von Investoren eine Rolle. Bei technologie- bzw. kapitalintensiven Unternehmen spricht man hier auch vom sog. „Death valley" (Hughes, 2017). Im Rahmen des Dinosaurierprinzips wird davon ausgegangen, dass bisher keine fahrlässigen Fehler begangen wurden.

Fehler lassen sich gemäß Amy C. Edmonson nach einem breiten Spektrum charakterisieren, von Experimenten die uns „Daten" liefern hin zu fahrlässig begangenen Fehlern (Edmonson, 2011, S. 3). Amy C. Edmonson analysierte über 20 Jahre den Umgang mit Fehlern in diversen Unternehmen. Doch obwohl die verantwortlichen Manager den bewussten Entschluss gefasst hatten, ihren Mitarbeitenden das Potenzial näherzubringen, das im Fehlermachen liegt, endete dieses Unterfangen selten erfolgreich. Ein zentrales Problem dabei stellte die Art und Weise dar, in der Manager über Fehler dachten. „The blame game" nennt Edmonson (2011, S. 2) es – ein Spiel, das in fast allen Kulturkreisen auf familiärer wie geschäftlicher Ebene gespielt wird. Jedes Kleinkind lernt schon sehr früh: Fehler zuzugeben bedeutet, die Schuld auf sich zu nehmen.

Dies ist auch der Grund, warum Beschäftigte zögern, über Fehler zu sprechen, aus Angst, für diese verurteilt zu werden. Doch, so die These von Edmonson (2011, S. 5), was wäre, wenn kein Angestellter mehr abgestraft, sondern lediglich für positive Resultate gelobt werden würde? Würde nicht jeder automatisch sein Bestes geben?

Diese Analyse von Edmonson (2011) lädt zu einigen Überlegungen ein, wie der Führungsstil und die Unternehmenskultur von morgen einen offenen Umgang mit Fehlern ermöglichen können.

> **Nach einem absoluten Tiefpunkt geht es immer bergauf.**

Dies lässt sich in der Praxis unterschiedlich umsetzen; sei es, weil man aus dem Fehler gelernt hat – und somit „neue Daten", also Informationen zu dem, was nicht funktioniert hat, – oder weil man neue Herangehensweisen und Lösungswege gefunden hat.

Je nach Unternehmensart kann dieser Punkt bereits nach wenigen Monaten eintreffen oder erst nach einem Jahr. Ist Ersteres der Fall, handelt es sich dabei oft um sog. „Wannapreneurship" (O'Donnell, 2016). Dieser Begriff beschreibt sowohl Menschen, die Unternehmer werden wollen („Wanna be" = „möchte sein"), als auch solche, die nur so tun, als seien Sie Unternehmerinnen und Unternehmer („Wanna be" = „möchte gern"). In den vergangenen Jahren – etwa seit 2010 – ist ein Hype des Entrepreneurships oder Unternehmertums zu verzeichnen und der Begriff des „Wannapreneurships" zielt sowohl auf Unternehmer ab, die noch so tun als ob, es aber werden wollen, oder die generell vom Typ her keine Unternehmer sind und lediglich als modische Trittbrettfahrer auf den Hype aufspringen.

In dieser Phase c verbirgt sich die größte Gefahr und zugleich die größte Chance auf Wachstum. Hier entscheidet sich, wie die Phase weiter verlaufen wird. Man kann alles gewinnen oder alles verlieren. Genau hier findet der entscheidende Lernmoment statt.

8.4.4 Phase d: This might work – Der Aufstieg

Je nach individueller Beschaffenheit, Lösungsorientiertheit und Resilienz hat die Unternehmerin bzw. der Unternehmer sich nun Unterstützung geholt oder ggf. selbst eine Lösung gefunden. In dieser Phase wird auch oft realisiert, dass man zu sehr auf einem bestimmten Lösungsweg verharrt hat. Man sah „den Wald vor lauter Bäumen" nicht mehr. So ist es in diesem Moment hilfreich, von dem bisherigen Plan A abzulassen und den Blick – aus der smarten Vogelperspektive – wieder auf das große Ganze zu werfen und sich an die ursprüngliche Vision zu erinnern. Oft werden an diesem Punkt innovative Wege beschritten, wie die Entstehungsgeschichte von Unternehmen wie Airbnb – auf das wir im Folgenden noch eingehen werden – zeigt. So führt auch hier das Scheitern eines Plan A oft zu deutlich erfolgreicheren Lösungen.

In diesem Moment kann es zum sog. Double-Loop-Learning kommen.

Die Theorie stammt von Niklas Luhmann und Heinz von Förster und spricht von der „Beobachtung zweiter Ordnung". Die Unternehmerin bzw. der Unternehmer muss lernen „Beobachter erster Ordnung zu beobachten" (Krogerus & Tschäppeler, 2008, S. 96). Der Beobachter erster Ordnung sieht die Welt so, wie er sie wahrnimmt. Er wird alles, was funktioniert, einfach wiederholen. Im schlechtesten Fall wiederholt er aber auch einfach nur die Fehler und löst diese nur temporär, weil er nicht herausfindet, was deren Ursache war.

Der Beobachter zweiter Ordnung dagegen weiß schon, dass die Beobachtung geprägt sein kann durch seine Art, die Welt wahrzunehmen:

„Double Loop heißt: Hinterfragen Sie das, was Sie machen und versuchen Sie, Ihre eigenen Muster zu brechen. Nicht, indem Sie einfach etwas anders machen, sondern indem Sie darüber nachdenken, warum Sie etwas so machen, wie Sie es machen. Was sind die Ziele und Werte Ihres Handelns?" (Krogerus & Tschäppeler, 2008, S. 96).

Dieser Moment d) ist sozusagen der Gegenpol zur ersten Begeisterung. Hat man diesen ersten Tiefpunkt erst überstanden und das Projekt nicht aufgegeben, so ist die Verbundenheit zum Projekt sogar noch gewachsen und es erschließen sich neue Möglichkeiten. Schritt für Schritt führt der Weg nun aus der Krise heraus. Die Unternehmerin bzw. der Unternehmer hat den Tiefpunkt überwunden und wagt sich nun wieder voran.

8.4.5 Phase e: This is awesome – wieder begeistert

Ähnlich wie beim „Sich neu verlieben" in den eigenen Partner, nachdem man eine Krise durchgestanden hat, kehrt nun Begeisterung für das Projekt zurück. Die Vision wird anhand des neu gewonnenen Wissens aktualisiert und gewinnt dadurch an Tiefe.

Die Erfahrung des Beinahe-Scheiterns verändert bei vielen Unternehmerinnen und Unternehmern die Sichtweise auf das Unternehmertum – u. U. auf das Leben selbst. Wovor soll man auch noch Angst haben, wenn man schon einmal fast alles verloren hat? Mit dieser neuen Perspektive ist man meist souveräner und handlungsfähiger. Man hat der Angst zu Scheitern ins Auge geblickt und nicht klein beigegeben. Nun kehrt man mit neuem Selbstvertrauen zurück. Der Fokus liegt nun nicht mehr auf den Problemen, sondern wieder lösungsorientiert auf dem großen Ganzen. Insgesamt ist die Komfortzone nun um einiges größer und auch der Prozess des Verlassens der Komfortzone fällt einem bedeutend leichter. Im besten Fall hat sich die Erweiterung der Komfortzone etabliert und der Unternehmer bzw. die Unternehmerin hat eine neue Ebene erreicht.

8.5 Phase 2: Der erste Höhepunkt – es kann nur noch bergab gehen?

Folgen wir weiter der Grafik des Dinosauriers. Ist das erste Tief der Gründerphase bewältigt, beginnt es wieder aufwärts zu gehen. Doch genau hier kommt wiederum eine kritische Phase, bei der Wachsamkeit geraten ist.

■ **Durch die Krise gegangen und gewachsen**
Das Wissen um die Existenz der Tiefpunkte lehrt Unternehmerinnen und Unternehmer auch eine gewisse Demut. Wer weiß schon, wann und wo die nächste große Herausforderung und damit der nächste mögliche Tiefpunkt

auf einen wartet? Wie ein Dinosaurier in freier Wildbahn muss man besonnen vorsorgen für „schlechte Zeiten" und dennoch blitzschnell den Plan umstoßen und auf den Angriff des Säbelzahntigers oder den Wechsel des Wetters reagieren.

Natürlich kann man nicht von einer völlig einheitlichen Reaktion sprechen. Eine Krise bewirkt bei jedem Menschen ein individuelles Handeln – abhängig von seinen Erfahrungen, Stärken und Schwächen sowie individuellen Charaktereigenschaften, dem Ursprung des Problems und der Erfahrung des Unternehmers bzw. der Unternehmerin.

Dennoch gibt es eine Tendenz, die wiederum auf das Stammhirn zurückzuführen ist: „fight or flight" – kämpfst du oder läufst du davon? Doch was ist mit der dritten, noch smarteren Variante: halte durch, verliere keine Zeit mit sinnlosen Kämpfen, und wachse über Deine Komfortzone hinaus!

> **Studien aus der Psychologie bezeugen, dass das erfolgreiche Durchlaufen eines Tiefpunktes eine Person gestärkt daraus hervorgehen lässt.**

„Resilienz nennt man diese psychische Widerstandsfähigkeit und sie entsteht durch Krisen. Denn mit jeder gemeisterten Herausforderung entwickelt und festigt sich eine Bewältigungsstrategie, mit der man beim nächsten Mal eine ähnliche Situation schneller und schadloser übersteht" (Brucker, 2013). Dasselbe kann auch von einer Unternehmerin bzw. einem Unternehmer behauptet werden, die bzw. der sich der Herausforderung stellt.

Das Dinosaurierprinzip basiert auf der Annahme, dass sich unternehmerische Erfolge und Misserfolge, ökonomische Hochs und Tiefs in Zyklen analog zu den konjunkturellen Schwankungen der Ökonomie einstellen.

Es wird also davon ausgegangen, dass das Unternehmertum sowie die Wirtschaft dynamische Systeme sind. Da es in der mechanischen Physik keinen endlosen Anstieg und Abstieg gibt, muss von einer Oszillationsbewegung ausgegangen werden, die zwischen Erfolg und Niederlage hin und her pendelt. Die Tiefs gehören dabei ebenso zur wirtschaftlichen Entwicklung wie die Hochs. Was für die gesamte Wirtschaft gilt, muss logischerweise auch für ihre Teilelemente, die Unternehmen, gelten.

Anstatt also euphorisch nur noch den Aufstieg zu sehen, sollte sich die Unternehmerin, der Unternehmer das mechanische Auf und Ab der wirtschaftlichen Entwicklung stets vor Augen halten. Gerade in den Phasen des Wachstums sollte man sich auf einen Abstieg gefasst machen – so wie man im Sommer einen Teil der Ernte für den Winter zurücklegt, um ein agrarwirtschaftliches Beispiel zu nutzen, oder eben finanzielle Rücklagen macht im Unternehmen. Hat man aber schon einmal den ersten Tiefpunkt überwunden, so besitzt die Unternehmerin bzw. der Unternehmer bereits eine gewisse Erfahrung, auf die sie bzw. er zurückgreifen kann.

Erneut besteht die Herausforderung hier darin, sich aus der komfortablen Situation des Bekannten zu bewegen und sich dem Umfeld und den Gegebenheiten anzupassen.

Macht man immer weiter wie bisher, erreicht man zwar einen Höhepunkt, der auch als Plateau einige Zeit andauern kann. Während dieser Phase hat man also Kunden und ein regelmäßiges, je nach Business-Modell sogar planbares Einkommen. Verändert man hier jedoch nichts oder ergänzt sein Produkte- oder Dienstleistungsportfolio nicht mit weiterentwickelten oder neuen Angeboten, so wird es unweigerlich zu einem Abstieg kommen.

Diese Phase (Kritische Phase 2; ◘ Abb. 8.4) ist höchst problematisch, da es u. U. auch für Außenstehende zu spät sein kann, das Unternehmen oder Produkt am Markt zu etablieren. Je nach Unternehmensart droht bereits ein Konkurs oder es droht eine bestimmte Produktkategorie auszusterben.

■ **Kritische Phase 1: Wann ist „der richtige Moment" zum Abspringen?**

» Der Schlimmste aller Fehler, so meine ich, ist, sich keines solchen bewusst zu sein. (Thomas Carlyle)

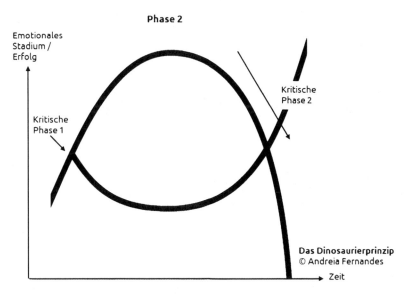

○ Abb. 8.4 Phase 2

Die sog. Kritische Phase 1 ist ein Wendepunkt, es handelt sich dabei um die optimale Phase, etwas Neues anzugehen und erneut die Komfortzone zu verlassen. Abgebildet ist ein bestimmter Punkt, an dem man die Richtung ändert, in der Realität handelt es sich jedoch um ein Zeitfenster, in dem man sich dazu entschließt, diese Veränderung zu starten. Übergeht der Unternehmer, die Unternehmerin dieses Zeitfenster und verpasst das Momentum, so wird es wie oben beschrieben noch zu einem gewissen Aufstieg kommen und dann zu einem deutlichen Abflachen des Erfolges. Der Fall wird viel tiefer sein als wenn man in diesem Moment agiert hätte.

Nun ist es an der Zeit, eine oder mehrere weitreichende Entscheidungen zu treffen. Schaut man sich die Grafik an, so ist jetzt zu sehen, dass die Y-Achse nicht nur für das emotionale Stadium steht, sondern ebenfalls für den Erfolg und mit diesem für eine erfolgreiche Lernkurve. Denn diese U-Kurve, sozusagen der Bauch des Dinosauriers, entspricht auch einer Lernkurve. Je nach Unternehmen oder Produkt bedarf es auch mehrerer größerer Lernkurven, was grafisch dargestellt einem mehrbäuchigen Dinosaurier entspräche.

■ **Entscheidungen treffen – aber wie?**
Studien beweisen, dass das Timing wichtiger ist als alle anderen unternehmerischen Faktoren (Tobak, 2010). Im Business und im Leben geht es nachweislich darum, Entscheidungen im richtigen Moment zu treffen. Je früher und je schneller, desto besser.

Drei Faktoren sind in der Entscheidung relevant:
a. Das Maß an Wissen, um eine Entscheidung zu treffen,
b. das Ausmaß der Konsequenzen der Entscheidung sowie
c. die Zeit.

Die Parameter a) und b) verhalten sich umgekehrt proportional zueinander. Anfangs ist das Wissen gering, es steigt im Verlaufe des Projektes an.

Zeichnet man in einem Diagramm mit den Achsen y = Maß, Höhe und x = Zeit den Verlauf des Wissens und der Konsequenzen ein, so steigt das Wissen kontinuierlich an (○ Abb. 8.5). Die Konsequenzen der Entscheidung dagegen sind anfangs am höchsten – das heißt, hier hat man den stärksten Einfluss mit seiner Entscheidung. Später nehmen äußere Faktoren zu und schließlich hat die eigene Entscheidung

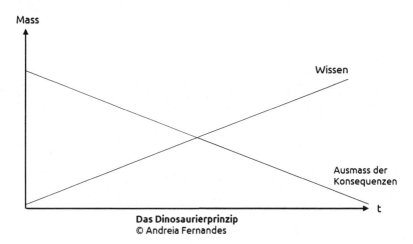

Abb. 8.5 Wissen und Ausmaß der Konsequenzen

praktisch keine Konsequenz mehr – die Wahl wurde von äußeren Faktoren und anderen Menschen bereits getroffen.

Auf dem Diagramm überschneiden sich in einem Moment die Kurve „Wissen" und die Kurve „Konsequenzen". Dies könnte als der vom Timing her ideale Moment für eine souveräne Entscheidung bezeichnet werden. Man weiß bereits genug, um die Entscheidung treffen zu können. Dennoch bleibt ein Restrisiko, das die Unternehmerin bzw. der Unternehmer zu tragen hat. Im Dinosaurierprinzip wird davon ausgegangen, dass es sich hierbei um ein Zeitfenster und nicht einen exakten, ganz kurzen, Zeitpunkt handelt.

Je früher man eine Entscheidung trifft, desto größer ist das Unwissen und damit desto höher das Risiko. Grundsätzlich kann also festgestellt werden:

> Je früher ein Unternehmer bzw. eine Unternehmerin eine Entscheidung trifft, desto mehr Wirkung besitzt seine bzw. ihre Entscheidung (Krogerus & Tschäppeler, 2008).

Und je früher ein Unternehmer sich dazu entschließt, sich aus der Komfortzone zu wagen, umso leichter wird ihm der Gesamtprozess fallen. Oft wird eine Entscheidung herausgezögert – aber „keine Entscheidung ist auch eine Entscheidung" (Krogerus & Tschäppeler, 2008, S. 34). Man gibt damit seine Entscheidungskraft ab an andere Personen und äußere Umstände.

Viele Unternehmerinnen und Unternehmer, die sich freiwillig und erfolgreich vom Aufwärtstrend hin in eine neue Lernkurve bewegt haben, sagen, der Zeitpunkt habe sich intuitiv entwickelt. Eine Mischung aus Erfahrung, u. a. auch aus Phase 1, Wissen und dem Bauchgefühl, dass Unternehmen, Beschäftigte sowie der Markt auch reif sind für eine Weiterentwicklung.

- **Entscheidungen im Team treffen**

Gerade weil in der Anfangsphase – vor dem besagten Schnittpunkt von Wissen und Konsequenzen – das Wissen gering ist, nutzt der smarte Unternehmer das Wissen des Teams. Ein Team bringt mit seiner Intelligenz, seinem Know-how und seinem Erfahrungsschatz im Kollektiv einen viel höheren Wissensstand mit sich als ein einzelner Mensch je besitzen könnte. Das ideale Timing für eine Entscheidung kann also besser mit einem Team erreicht werden.

Diese Art Entscheidungen zu treffen, benötigt ein generelles Umdenken im Führungsstil. Eine strenge, traditionelle Hierarchie lässt weder Risiko noch Kollektiventscheidungen zu. Dafür müssen Strukturen sich öffnen zu einer flexiblen und kreativen Interaktion der

Abteilungen innerhalb des Unternehmens. Gegenwärtig entwickeln sich verschiedene neue Führungsstrategien und es wird sich in den nächsten Jahren zeigen, ob Modelle wie etwa Holocracy hier erfolgversprechend sind (Krogerus & Tschäppeler, 2008).

- **Das kontinuierliche Wachstum**

Der Prüfstein für eine erstrangige Intelligenz ist die Fähigkeit, zwei entgegengesetzte Ideen zugleich im Kopf zu haben. (F. Scott Fitzgerald) Auf der Grafik empfinden wir nun den „Bauch" des Dinosauriers nach. Die Unternehmerin bzw. der Unternehmer geht in dieser Phase bewusst ein Risiko ein. Es kommt zu einem neuerlichen, vertieften Lernprozess, auf den sich die Unternehmerin bzw. der Unternehmer in Zukunft stützen kann und die hier gesammelten Erfahrungen tragen zu einer stabileren Entwicklung des Unternehmens bei.

Aufgrund der in Phase 1 gesammelten Erfahrung beim Erreichen des Tiefpunkts verfügt die Unternehmerin, der Unternehmer nun über eine Auswahl an möglichen Lösungsansätzen. In den folgenden Phasen wird sie bzw. er somit nie wieder so tief fallen wie beim ersten Mal. Der tiefste Punkt der Lernkurve ist nun weniger intensiv als zuvor und von kürzerer Dauer. Aufgrund der bisher gemachten Erfahrungen wird auch der beginnende Aufstieg deutlicher wahrgenommen.

- **Wann ist man gescheiter(t)?**

» I have not failed 10 000 times. I have not failed once. I have succeeded in proving that those 10 000 ways will not work. When I have eliminated the ways that will not work, I will find the way that will work."
(Thomas Alva Edison)

Dieser Ausspruch stammt von Thomas Alva Edison (Furr, 2011), dem bekannten Unternehmer und Erfinder von technischen Neuerungen wie dem Phongraphen und der Glühbirne. Kaum ein anderer Wissenschaftler scheiterte so häufig wie Edison. Und ebenso verbuchte kaum jemand so viele Erfolge auf unterschiedlichen Gebieten wie er.

- **Fehler sind die Basis jeder Innovation**

Wenn alles ausschließlich in geregelten Bahnen verlaufen würde, so gäbe es nur eine ständige Wiederholung des Bewährten. Fehler zu machen bedeutet, aus dieser vorgegebenen Sicherheit auszubrechen und neue Wege zu beschreiten.

Edison hat z. B. erst sämtliche traditionelle Wege auf seinem Gebiet erfolglos getestet, um dann zu erkennen, dass diese überholt waren und einer Innovation bedurften. Die sog. Fehler waren dabei also lediglich das Ausloten der Möglichkeiten.

> Und genau als solches – nämlich das Ausloten von Möglichkeiten und damit Teil des Erfolgsprozesses – sollte das Fehlermachen betrachtet werden.

Zahlreiche Erfindungen sind sogar ausdrücklich aus einem vermeintlichen Fehler entstanden. Charles Goodyear zum Beispiel suchte Mitte des 19. Jahrhunderts nach einem Weg, Gummi resistent gegen Temperaturschwankungen zu machen. Nach Jahrzehnten vergeblicher Forschung verschüttete er aus Versehen ein Schwefel-Blei-Gummi-Gemisch auf den heißen Laborherd und erfand damit den vulkanisierten Gummi (Website Goodyear Corporate). Im Nachhinein ist auch hier oft die Sprache vom Zufall und nicht von vermeintlichen Fehlern.

- **Erfolgreich Fehler machen – Fehler machen erfolgreich**

Bei einem Kind, das gerade Laufen lernt, ist jeder Schritt und jedes Hinfallen nötig, um zu sehen, wie Laufen nicht funktioniert. Ebenso muss man als Unternehmerin und Unternehmer bestimmte Fehler machen, um klar abzustecken, was den Erfolg seines Unternehmens eigentlich ausmacht. Ein anschauliches Beispiel bietet das Unternehmen Airbnb. Brian Chesky und Joe Gebbia standen 2008 vor einem existenziellen Problem: Sie konnten ihre Miete in San Francisco nicht mehr bezahlen. Aus dieser Not heraus wurde die Idee geboren, drei Luftmatratzen in ihrer Wohnung als Schlafplatz zu vermieten. Dazu erstellten sie eine simple Webseite mit ein paar Fotos. Nachdem die ersten Vermietungen abgewickelt worden waren, beschlossen Brian und Joe gemeinsam mit einem ihrer ersten Gäste, Nathan Blecharczyk, die Idee zum Geschäftsmodell auszubauen. Nach einer relativ erfolgreichen Anlaufphase kam es wiederum zu einer Krise. Die Interessenten blieben aus und die Gründer stellten nach einer Analyse aller Faktoren fest: Die angebotenen Orte waren nicht sehr attraktiv und die Fotos auf der Webseite entsprechend unästhetisch.

Die drei Unternehmer unternahmen daraufhin eine Tour durch New York, akquirierten persönlich Vermietungsobjekte und machten vor Ort die Fotos für die Webseite. Daraufhin kam es wieder zu einem enormen Aufschwung bei Airbnb. Eine weitere Krise brachte das Gründerteam dazu, auch ganze Häuser zur Miete anzubieten. Bereits 2014 betrug der Wert des Unternehmens 10 Billionen Dollar (Vital, 2014). Heute wird Airbnb weltweit in vielen Städten als fester Bestandteil des Tourismusangebotes betrachtet – zum Ärger vieler Hoteliers und zur Freude vieler Touristen.

- **Smart Scheitern**

Die meisten erfolgreichen Unternehmerinnen und Unternehmer sind vor ihrem Erfolg mehrmals gescheitert und haben Tiefschläge erlebt. Vor allem aus Lebensberichten und Biographien wir dies immer wieder deutlich. Dennoch gibt es erstaunlich wenig Forschung über das innovative Potenzial von Fehlern. In unserem Kulturkreis sind Fehler immer noch ein Makel, über den man nicht spricht. 2012 wurde in Mexiko dazu eine Bewegung geboren. Seitdem werden weltweit die sog. „Fuck Up Nights" gefeiert – Events, auf denen das Fehlermachen im Mittelpunkt steht. Unternehmerinnen und Unternehmer, Erfinderinnen und Erfinder teilen ihre größten Niederlagen mit ihrem Publikum. Das Scheitern bekommt eine Bühne und die Teilnehmenden können aus den Fehlern der anderen nicht nur lernen, sondern bekommen auch Lust, selber mehr Fehler zu machen (dpa, 2015).

Als Forschungsausblick möchte die Autorin dazu anregen, das Potenzial von Fehlern aufzuwerten – ganz im Sinne des Wahlspruches aus dem Silicon Valley „next time fail better". Je mehr und je früher man in einem Projekt scheitert, desto größer ist tatsächlich das Lernpotenzial und desto weniger riskiert man mit dem Scheitern.

> Was man früh riskiert, kann ein geringes Lehrgeld im drei- bis vierstelligen Bereich kosten – doch dieselben Fehler zehn Jahre später in der Karriere kosten gerne fünf-, sechs-, wenn nicht siebenstellige Beträge (Babineaux & Krumboltz, 2013).

8.6 Phase 3: Der Kopf des Dinosauriers – Das Mindset des kontinuierlichen Wachstums

Vorab soll noch einmal betont werden: Das Dinosaurierprinzip stellt natürlich eine starke Vereinfachung der Abläufe dar. Die große Herausforderung wird als „Bauch" des Dinosauriers dargestellt. Doch in der Realität kann der Dinosaurier durchaus mehrere „Bäuche" haben.

Ist erst einmal ein Stadium des kontinuierlichen Wachstums erreicht, so wird vielen Unternehmerinnen und Unternehmern klar:

> Zustände oder Zeitfenster, die wir hier als „Kritische Phase 1" bezeichnen, können in der Realität immer wieder eintreten. Es handelt sich dabei, wie schon früher erwähnt, nicht um einen einmaligen Zustand, sondern eine in regelmäßigen Abständen eintretende Phase.

Der Unterschied liegt im Erfahrungsschatz und Know-how.

Zeichnet sich nun also erneut eine Phase ab, in der es „steil bergauf" geht, verfügt die Unternehmerin und der Unternehmer bereits über ein Repertoire an Handlungsoptionen. Sie bzw. er wird rechtzeitig Bilanz ziehen und sich auf die möglichen Szenarien vorbereiten.

Die einfachste Strategie ist natürlich „Immer so weiterzumachen wie bisher". Aber so würde die Unternehmerin bzw. der Unternehmer gemäß dem Dinosaurierprinzip den Höhepunkt des Wachstums erreichen und von da an riskieren, dass es richtig steil bergab geht.

> Die bessere Alternative ist immer, sich aus der Komfortzone herauszutrauen und etwas ändern. Dies kann mittels Innovationen und struktureller Anpassungen im Unternehmen geschehen. Und damit wird wiederum eine neue Lernkurve eingegangen.

Resilienz kann man trainieren. Nach wiederholtem Anwenden des Dinosaurierprinzips nimmt die Unternehmerin, der Unternehmer auch nuancierte kleinere Hochs und Tiefs wahr. Sie bzw. er wird widerstandsfähiger und erholt sich schneller von Tiefs. Diese geringeren Hochs und Tiefs sind als die Zähne des Dinosauriers abgebildet.

- (Wann) ist man gescheiter(t)?

> Durch gezieltes Riskieren von Fehlern – und damit das wiederholte Verlassen der Komfortzone – entsteht persönliches und professionelles Wachstum.

Die Form des Dinosauriers beschreibt das persönliche Wachstum in diesen Abschnitten. Eine Kurve stellt also weniger einen Schritt zum allgemeinen Erfolg dar, sondern vielmehr inwiefern man persönlich daran gewachsen ist. Jede Phase steht für einen Wachstumsschritt. Und jeder absolvierte Wachstumsschritt geht mit dem Erweitern der Komfortzone einher.

Die Grafik (◘ Abb. 8.6) macht deutlich, dass keine Phase umsonst ist. Vergleicht man den höchsten Punkt der Phase 2, so liegt dieser deutlich unter dem höchsten Punkt der folgenden Phase 3. Somit erklimmt die Unternehmerin bzw. der Unternehmer mit jeder Phase eine neue Ebene der Professionalität.

Durch das Dinosaurierprinzip gewinnen Fehler einen neuen Stellenwert in der professionellen und persönlichen Entwicklung. Jeder vermeintliche Fehler stellt nun eine Chance dar, die eigene Komfortzone zu verlassen und eine Lernphase zu durchschreiten.

Anfangs mag der Weg, Fehler bewusst zu riskieren, umständlicher erscheinen. Die Lernkurven wirken auf die Unternehmerin bzw. den Unternehmer aufwendig und anstrengend. Langfristig jedoch verhilft dieses Vorgehen zu einem deutlich größeren Wachstum.

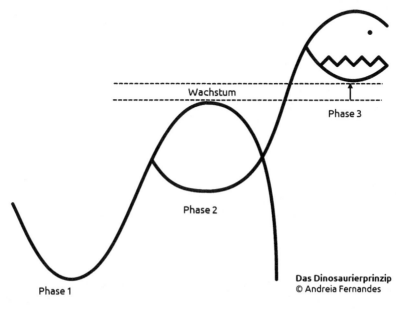

◘ Abb. 8.6 Phase 3

Wie schon anfangs beschrieben: Die Dinge sind selten wie sie scheinen. Wer würde eine Verwandtschaft zwischen einem Kolibri und einem Dinosaurier erahnen? Und doch gibt es sie.

Ebenso steckt in den Erfahrungen, die man als Unternehmerin und Unternehmer sammelt, wenn man bewusst das Scheitern riskiert, ein ungeahntes Lernpotenzial, das wir heute zu Beginn des 21. Jahrhunderts gerade erst entdecken. Es ist ein aufregendes, neues Feld, das Menschen erlaubt, ihr Potenzial jenseits von Wertungen zu entwickeln.

Um es mit Roger Staubbachs Worten zusammenzufassen (Hyken, 2017):

» „There are no traffic jams along the extra mile." (Auf der Extrameile gibt es keinen Stau.)

Fakten: Gescheiter oder gescheitert?
1. **Akzeptieren:** Ein Business bewegt sich, ebenso wie die gesamte Wirtschaft, in Zyklen. Aufs und Abs gehören zum Geschäftsalltag einer Unternehmerin bzw. eines Unternehmers einfach dazu.
2. **Lernen:** Mit jeder mutig durchschrittenen Phase gewinnt die Unternehmerin, der Unternehmer Erfahrungsschatz und Know-how. Sie bzw. er weiß beim nächsten Mal bereits, was getan werden kann und wird vermutlich bereits frühzeitig reagieren.
3. **Vorausschauend:** Um auf Krisensituationen im Geschäft optimal vorbereitet zu sein, empfiehlt sich eine konstante Weiterbildung und Aktualisierung des Wissensstandes.
4. **Veränderung:** Der Markt ist im konstanten Wandel. Ebenso müssen Unternehmen sich ständig weiterentwickeln und ggf. „neu erfinden".
5. **Austausch:** Durch neue Partnerschaften kann das eigene Unternehmen wachsen und sein Potenzial vervielfachen. Die Expertise, die durch den Kooperationspartner in das Unternehmen einfließt, hat eine vitalisierende Wirkung auf die bestehenden Strukturen und Gegebenheiten.
6. **Umfeld:** Eine Konkurrenzanalyse sollte durchgeführt werden, um das eigene Alleinstellungsmerkmal (USP) zu verdeutlichen und auf diese Weise ein zu starkes Abwärtsfallen zu vermeiden.
7. **Rechtzeitig:** Wenn es abwärtsgeht, ist es schon zu spät. In jedem Fall muss die Unternehmerin bzw. der Unternehmer lernen, rechtzeitig Veränderungen in die Wege zu leiten. So kann sie bzw. er erfolgreich von einer Phase in die nächste übergehen.

Literatur

Babinneaux, R. ‚Krumboltz, J. (2013). *Fail fast, fail often – How losing can help you win.* Penguin Edition, New York.

Beinhocker, E.D. (2007). *Die Entstehung des Wohlstandes – wie die Evolution die Wirtschaft antreibt.* Mi-Fachverlag. Landsberg am Lech.

Brucker, Bettina: Aus Krisen gestärkt hervorgehen. In: Haufe.de (22.10.2013) https://www.haufe.de/arbeitsschutz/gesundheit-umwelt/resilienz-aus-krisen-gestaerkt-herausgehen_94_203708.html (Stand: 20.07.2017)

Dpa: Schöner Scheitern in Berlin. In: FAZ (16.01.2015). Url: http://www.faz.net/aktuell/wirtschaft/agenda/fuck-up-nights-schoener-scheitern-in-berlin-13373720.html (Stand: 15.07.17)

Drimalla, Hanna: Der Schaltkreis der Angst. In: Das Gehirn -Der Kosmos im Kopf (05.08.2011). Url: https://www.dasgehirn.info/denken/emotion/der-schaltkreis-der-angst (Stand: 26.07.17)

Edmonson, A.C. (2011). Strategies for learning from failures. *Harvard Business Review.*

Furr, Nathan: How Failure taught Edison to repeatedly innovate. In: Forbes (09.06.2011) Url: https://www.forbes.com/sites/nathanfurr/2011/06/09/how-failure-taught-edison-to-repeatedly-innovate/#2a1ac18d65e9 (Stand 10.07.17)

Gilbert, Elizabeth: The best thing you can do for yourself - and all the women around. In: Huffingtonpost (02.11.2015). Url: http://www.huffingtonpost.com/2015/02/11/elizabeth-gilbert-on-failure_n_6608164.html (Stand: 12.07.17)

Häusel, Hans-Georg: Das Reptilienhirn lenkt unser Handeln (2/2000) Url: http://www.harvardbusinessmanager.de/heft/d-21501973.html (Stand: 16.07.17)

Hughes, Nick: Startup Death Valley – What is it and how to get out. In: So Entrepreneurial (07.10.2017). Url: https://soentrepreneurial.com/2012/10/07/startup-death-valley-what-it-is-and-how-to-get-out/ (Stand: 10.08.2017)

Hyken, Shep: There's No Traffic Jam On The Extra Mile. In: Forbes (27.02.17). Url: https://www.forbes.com/sites/shephyken/2016/02/27/theres-no-traffic-jam-on-the-extra-mile/#3b808c2979a6 (Stand: 08.08.2017)

Krakovsky, Marina: What we're missing when we study success. In: Stanford Business (01.01.2004). Url: https://www.gsb.stanford.edu/insights/what-were-missing-when-we-study-success (Stand: 10.08.2017)

Kogerus, M., Tschäppeler, R. (2008). *50 Erfolgsmodelle – Kleines Handbuch für strategische Entscheidungen.* Kein&Aber Verlag, Zürich.

O'Donnell, Michael: How to tell an entrepreneur from a wannapreneur. In: Startup Biz (20.01.2016). Url: http://www.startupbiz.com/how-to-tell-an-entrepreneur-from-a-wannapreneur/ (Stand: 09.08.2017)

Tobak, Steve: Timing is everything: How to harness time for business success. In: CBS Nes Moneywatch (16.08.2010). Url: http://www.cbsnews.com/news/timing-is-everything-how-to-harness-time-for-business-success/ (Stand: 27.07.17)

Schäfers, Andrea T.U. (2015): Der Hirnstamm oder das 'Reptiliengehirn. http://www.gehirnlernen.de/gehirn/der-hirnstamm-oder-das-reptiliengehirn/ (Stand: 19.07.17)

Vital, Anna: How Airbnb started. In: Funders and founders (10.04.2014). http://fundersandfounders.com/how-airbnb-started/ (Stand: 18.07.17)

Führungskompetenz – worauf es wirklich ankommt

Worauf kommt es beim Führen wirklich an? Antwort gibt die Verbindung von Forschung und Expertise aus der Praxis.

Simon Carl Hardegger, Patrick Boss und Roberto Siano

9.1 Modell zur Beschreibung des Führungsverhaltens – 94
9.1.1 Ausgangslage – 94
9.1.2 Empirie-basierte Entwicklung des Führungskompetenzmodells – 94
9.1.3 Das Wertequadrat als Verhaltenseinstufungsraster – 95

9.2 Gründerpersönlichkeiten – 96

9.3 Führungsverständnis von Start-up-Gründern bzw. CEOs – 97
9.3.1 Werte – 97
9.3.2 Denken – 99
9.3.3 Handeln – 101
9.3.4 Interagieren – 103
9.3.5 Führen – 105

9.4 Start-up-Gründer bzw. CEO: Was führt zum Erfolg? – 107

Literatur – 108

© Springer-Verlag GmbH Deutschland 2018
C. Negri (Hrsg.), *Psychologie des Unternehmertums*, Der Mensch im Unternehmen: Impulse für Fach- und Führungskräfte, https://doi.org/10.1007/978-3-662-56021-1_9

9.1 Modell zur Beschreibung des Führungsverhaltens

9.1.1 Ausgangslage

Im Rahmen der Personalselektion und -entwicklung ist es wichtig, das Verhalten von Führungskräften standardisiert und umfassend beschreiben zu können. Dazu setzen die Personalverantwortlichen Kompetenzmodelle ein, die sie häufig in betriebsintern durchgeführten Workshops erarbeitet haben. Daraus resultiert ein auf das betreffende Unternehmen maßgeschneiderter Katalog an Bausteinen des Führungsverhaltens. Der Vergleich dieser Kataloge verschiedener Organisationen zeigt jedoch auf, dass die Unterschiede nicht grundlegender Natur sind, sondern meistens nur auf unternehmenskulturelle Eigenheiten zurückzuführen sind. Dies erstaunt nicht weiter, lässt sich Führungsverhalten situations- und organisationsunabhängig auf ein paar wenige, zentrale Faktoren zurückführen. So unterscheiden z. B. Behrendt, Matz und Göritz (2017) in ihrem integrativen Modell des Führungsverhaltens die Dimensionen „Verbesserung des Verständnisses", „Stärkung der Motivation", „Erleichterung der Umsetzung", „Pflege der Koordination", „Förderung der Zusammenarbeit" und „Aktivierung von Ressourcen". Gut erkennbar ist bei dieser Auflistung die auf Tannenbaum und Schmidt (1958) respektive Blake und Mouton (1964) zurückgehende Unterscheidung von Aufgaben- und Beziehungsorientierung.

Als unternehmensexterner Anbieter von Management-Assessments sind wir auf ein generisches Kompetenzmodell zur Beschreibung des Verhaltens von Führungskräften angewiesen, das sich für unterschiedlichste Führungsfunktionen und -positionen in unterschiedlichsten Organisationen einsetzen lässt. Da die in der Literatur beschriebenen Modelle wie das oben erwähnte für unseren Einsatzzweck oft zu wenig differenziert ausfallen, haben wir uns der Herausforderung gestellt und ein eigenes Kompetenzmodell entwickelt. Als Grundlage dafür diente uns die von Tett und Mitautoren (2009) entwickelte Taxonomie von Management-Kompetenzen. Diese basiert ihrerseits auf einer auf der Basis von elf Studien zu Führungstätigkeiten erstellten Liste mit beobachtbarem Verhalten von Führungskräften, die durch Experten verdichtet und empirisch rücküberprüft wurde. Letztendlich resultierten 53 Kompetenzen, wie z. B. „Treffen von Entscheidungen", „Motivation durch Überzeugungskraft", „Mitgefühl", „Loyalität", „Mitarbeitergespräch" oder „Finanzbewusstsein".

9.1.2 Empirie-basierte Entwicklung des Führungskompetenzmodells

Als Grundlage und Raster für ein Management-Assessment ist der Kompetenzkatalog von Tett und Kollegen viel zu umfassend. Das Ziel der von uns durchgeführten empirischen Studie war dementsprechend, diese 53 Kompetenzen auf ca. 20 zu reduzieren. Dazu legten wir die auf Kärtchen gedruckten Kompetenzen und deren Definitionen insgesamt 19 Führungskräften und 24 Psychologinnen und Psychologen – allesamt praxiserprobte Expertinnen und Experten im Bereich Personal- und Management-Diagnostik – vor. Deren Aufgabe bestand darin, die 53 Management-Aufgaben nach eigenen Gesichtspunkten in ca. 10–15 Kategorien zu gruppieren. Anhand der auf diese Weise vorgenommenen Cluster berechneten wir anhand der statistischen Methode der non-metrischen multidimensionalen Skalierung (NMDS) Ähnlichkeitsmasse zwischen den 53 Kompetenzen, die sich anschließend in einer Kompetenzlandkarte darstellen ließen (s. ◘ Abb. 9.1). Ein Expertenteam aus dem Bereich Management-Diagnostik definierte letztendlich ausgehend von der räumlichen Nähe der einzelnen Kompetenzen 15 Dimensionen, die sie den fünf Kategorien „Werte" (z. B. Loyalität), „Denken" (z. B. Planungsfähigkeit), „Handeln" (z. B. Zielfokussierung), „Interagieren" (z. B. Kommunikationsfähigkeit) und „Führen" (z. B. Führung transaktional) zuordneten. Diese Dimensionen stellen wir weiter unten noch detaillierter dar.

Führungskompetenz – worauf es wirklich ankommt

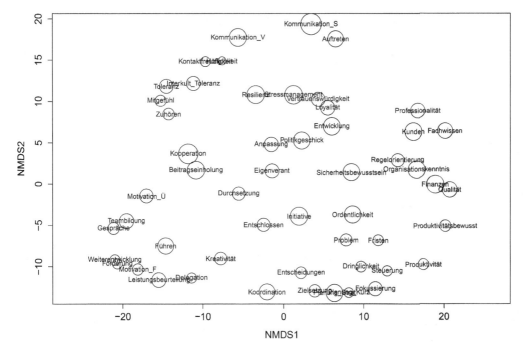

● Abb. 9.1   NMDS-Landkarte der 53 Kompetenzen

9.1.3 Das Wertequadrat als Verhaltenseinstufungsraster

In unserer täglichen Arbeit stellten wir fest, dass die Einstufung des in einem Assessment beobachteten Verhaltens auf einer linearen Skala, die von −2 bis +2 reicht, ihre Tücken hat. So wird ein hoher Wert, also eine starke Ausprägung in der betreffenden Persönlichkeitseigenschaft, intuitiv positiv konnotiert: „Ich sehe, dass Herr Müller eine Plus 2 bei der Durchsetzungsfähigkeit hat. Sehr gut – das ist das, was wir benötigen." Ein hoher Wert in Durchsetzungsfähigkeit kann jedoch auch Rücksichtslosigkeit bedeuten, was in vielen Fällen eine unerwünschte Eigenschaft darstellt.

Ein Modell, das dies berücksichtigt und zusätzlich die Polarität zwischen „gut" und „schlecht" überwindet, ist das Wertequadrat (Helwig, 1948; Schulz von Thun, 1989; s. a. Boss, 2012). Hier stehen zwei sich wechselseitig ergänzende Ausprägungen einer Persönlichkeitseigenschaft in einer dialektischen Ergänzung gegenüber. Im in ● Abb. 9.2 dargestellten Werte-

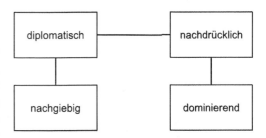

● Abb. 9.2   Aufbau des Wertequadrates zur Führungskompetenz „Durchsetzungsgeschick"

quadrat zur Führungskompetenz „Durchsetzungsgeschick" sind dies die Ausprägungen „diplomatisch" und „nachdrücklich". Eine Übersteigerung des jeweiligen Verhaltens haben wir als „nachgiebig" respektive „dominierend" bezeichnet. Westermann (2007, S. 11) bringt diesbezüglich den Kerngedanken des Wertequadrates auf den Punkt: „Verhalten ist immer relativ. Jede Stärke kann sich in eine Schwäche verwandeln, wenn des Guten zu viel getan wird."

Das dem Wertequadrat zugrunde liegende Prinzip der Polarität von Verhaltensweisen zeigt sich auch bei der Mitarbeiterführung:

Neuberger (2002) nennt 13 Rollendilemmata der Führung wie z. B. Nähe und Distanz oder Bewahrung und Veränderung. Er postuliert, dass eine Führungskraft nur dann erfolgreich sein kann, wenn sie beide Aspekte situativ berücksichtigt und lebt. Insofern ist das Wertequadrat auch für den Einsatz in der Management-Diagnostik ein nützliches Werkzeug, indem es vermeintliche Gegensätze auflösen und abbilden kann (Gloor, 1993): Ein eher zurückhaltend-vorsichtiges Verhalten im simulierten Mitarbeitergespräch und ein äußerst selbstsicherer Auftritt in der Präsentationsübung sind demnach nicht als Widerspruch oder als das Resultat einer ungenauen Methode zur Verhaltenserfassung zu werten, sondern als an unterschiedliche Situationen angepasstes Verhalten. Dies lässt sich auch gut mit der Trait Activation Theory (Tett & Guterman, 2000) vereinbaren, die besagt, dass Verhalten durch die Interaktion von Situationsmerkmalen mit Persönlichkeitsdispositionen determiniert ist. Diese Theorie erwies sich nicht zuletzt auch im Rahmen der Assessment-Center-Forschung als fruchtbar (Lievens, Chasteen, Day & Christiansen, 2006).

Die Wahl des Wertequadrates als Grundlage für die Einstufung des von den Kandidaten und Kandidatinnen im Assessment gezeigten Verhaltens resultierte für uns in der Herausforderung, für jede der 15 Dimensionen die vier Ausprägungen zu bestimmen, zu benennen und zu definieren. In ◘ Abb. 9.3 ist das Wertequadrat der Dimension „Durchsetzungsgeschick" dargestellt.

9.2 Gründerpersönlichkeiten

Für viele Personen ist der Schritt in die Eigenständigkeit ein verlockendes und erstrebenswertes Ziel. So ließen sich in der Schweiz im Zeitraum von 2010–2016 pro Jahr durchschnittlich rund 40 000 Firmen neu im Handelsregister eingetragen, wobei über die Jahre ein leichter Anstieg zu verzeichnen ist. Die überwiegende Mehrzahl dieser Neugründungen stellen Einzelfirmen – und somit keine klassischen Start-up-Unternehmen – dar. Der Anteil mit mehr als fünf Arbeitsplätzen betrug 2014 nur 2% (Bundesamt für Statistik, 2016). So erfüllend die neu erschaffene Freiheit auch sein mag, sie birgt ein hohes Risiko des Scheiterns in sich: Vier Jahre nach der Gründung existieren nur noch die Hälfte der neu gegründeten Firmen, nach acht Jahren noch ein Drittel (Shane, 2008). Interessiert man sich für die Merkmale der erfolgreichen, neu gegründeten Unternehmen, gilt es folgende drei Faktoren zu berücksichtigen:

- die Gründungsperson,
- das Unternehmen per se und
- das Unternehmensumfeld (Klandt, 1998).

Psychologische Aspekte nehmen dabei eine nicht zu unterschätzende Rolle ein (Frese & Gielnik, 2014): Viele Studien zeigen auf, dass für das Überleben der Organisation in den ersten Jahren die Persönlichkeit des Unternehmensgründers – in der Literatur häufig als Entrepreneur bezeichnet – einen bedeutenden,

---

DURCHSETZUNGSGESCHICK
Fähigkeit, die eigenen Ziele auch bei Widerständen situationsangemessen durch gezielte Handlungs- und Verhaltensmassnahmen zu erreichen.

nachgiebig	diplomatisch	nachdrücklich	dominierend
Tritt vorsichtig-zurückhaltend auf; gibt bei Widerstand vorschnell auf und passt sich an; geht Konflikten aus dem Weg; hält Ansichten und Meinungen zurück; kann Beziehungen nicht zur Zielerreichung einsetzen.	Tritt diplomatisch auf; äussert eigene Meinung differenziert und gezielt; nimmt in Konflikten eine aktive und vermittelnde Rolle ein; setzt sich situativ angemessen durch; nutzt das Beziehungsnetz geschickt und geht mitunter taktierend vor.	Tritt selbstbewusst auf; äussert eigene Meinung direkt; scheut nicht davor zurück, Konflikte auszutragen; setzt sich bestimmt und nachdrücklich durch; weiss Beziehungen nutzbringend einzusetzen.	Ist von sich eingenommen; lässt andere Meinungen und Ansichten nicht gelten bzw. forciert seine eigene; scheut Konflikte nicht; setzt sich ohne Rücksicht auf Verluste durch; nutzt Beziehungen gezielt für die eigene Sache.

◘ **Abb. 9.3** Wertequadrat „Durchsetzungsgeschick"

ja sogar zentralen Faktor darstellt (Brüderl, Preisendörfer & Ziegler, 2007). In einer metaanalytischen Studie zeigte sich, dass sich erfolgreiche Unternehmensgründer durch starke Ausprägungen in den Persönlichkeitsmerkmalen Leistungsmotivation, Selbstwirksamkeit, Innovationsfreude, Belastbarkeit, Unabhängigkeit und Proaktivität bzw. Beeinflussungswille auszeichnen (Rauch & Frese, 2007). Dieser Befund deckt sich weitgehend mit den Ergebnissen einer aktuellen Studie, in der die Autoren aufzeigen konnten, dass emotionale Stabilität, Leistungsmotivation, Innovationsfreude, Selbstwirksamkeit und Belastbarkeit den stärksten Zusammenhang zum ökonomischen Erfolg der neu gegründeten Unternehmung aufzeigen (Staniewski, Janowski & Awruk, 2016). Weiter konnte gezeigt werden, dass sich der Aspekt „Beharrlichkeit bei der Verfolgung von längerfristigen Zielen" aus dem Grit-Konzept (Duckworth, Peterson, Matthews & Kelly, 2007) über die Innovationskraft auf den Erfolg einer Firma auswirkt (Mooradian, Matzler, Uzelac & Bauer, 2016).

Um Persönlichkeitsaspekte erfolgreicher Entrepreneurs auf unserem Kompetenzmodell abbilden zu können, führten wir eine eigene qualitative Studie mit Gründerpersonen folgender sechs Start-up-Unternehmen durch: Advertima, Business Broker, Doodle, local.ch, Nezasa und Yooture. Die Interviews führten wir leitfadengestützt durch: Nach einer offenen Selbstdarstellung befragten wir sie nach ihrem Führungsstil und nach den Eigenschaften erfolgreicher Start-up-Gründer. Anschließend erfassten wir die Kompetenzen einer Person, die ein Start-up-Unternehmen erfolgreich führt, entlang unseres Kompetenzmodells. Auf die Ergebnisse dieser Studie gehen wir nachfolgend im Detail ein.

9.3 Führungsverständnis von Start-up-Gründern bzw. CEOs

9.3.1 Werte

Der erste Faktor des Führungskompetenzmodells „Werte" ist in drei Dimensionen aufgeteilt und beschreibt die grundsätzliche Einstellung gegenüber dem Unternehmen, anderen Menschen und neuen Erfahrungen. Der Bereich „Werte" beschreibt die Grundhaltung einer Person. Auch wenn sich die Werte nicht direkt zeigen, sondern in den Handlungen manifestieren, durchdringen sie die anderen Persönlichkeitsfaktoren und haben dadurch einen direkten Einfluss auf diese (◘ Tab. 9.1).

9.3.1.1 Loyalität

Bei Loyalität handelt es sich einerseits um die Identifikation mit den Werten der Organisation und andererseits mit denjenigen der eigenen Berufsgruppe und den damit verbundenen ethischen Grundprinzipien wie z. B. dem Umgang mit sensiblen Daten.

Positiv gewertet werden Personen, die im Sinne der Organisation treu handeln. Sie erkennen den Sinn von Regeln und Normen und halten sich entsprechend daran. Außerdem möchten sie sich nichts zuschulden kommen lassen, wobei ihnen ihre Regeltreue hilft.

◘ Tab. 9.1 Dimension „Werte": Übersicht Wertequadrate

Kompetenz	Überzogen	Ausprägung 1	Ausprägung 2	Überzogen
Loyalität	eigenwillig	kritisch	treu	gehorsam
Zwischenmenschliche Offenheit	desinteressiert	höflich	aufgeschlossen	distanzlos
Lernbereitschaft	bequem	lernoffen	neugierig	orientierungslos

Kritische Personen hinterfragen die Normen und Vorschriften des Unternehmens, denn sie wollen auch die eigenen Werte und Vorstellungen vertreten. Sie fühlen sich sowohl dem Unternehmen als auch den eigenen Wertvorstellungen verpflichtet. Dies führt dazu, dass sie sich der Gemeinsamkeiten und der Unterschiede bewusst sein müssen. Bezogen auf Vorschriften agieren sie außerdem eher flexibel, um sich besser an die jeweilige Situation anpassen zu können.

Weniger positiv eingeschätzt werden eigenwillige Personen, die schwergewichtig die eigenen Werte und Moralvorstellungen als Maßstab nehmen und somit ihre persönliche Subjektivität als absolute Leitlinie nehmen. Dies macht eine Einpassung in ein System sehr schwierig, da die notwendige Einordnungsbereitschaft fehlt. Aber auch das Gegenteil, d. h. Menschen, die sich bedingungslos an von außen aufgestellte Vorgaben und Regeln halten, werden als eher negativ bewertet. Bei einer solchen Einstellung könnte man von blindem Gehorsam sprechen.

Perspektive Start-up-Gründer bzw. CEO
Diese Dimension war für viele Start-up-Gründer bzw. CEOs schwierig zu beurteilen. Die Unklarheit bestand darin, was Loyalität zum Unternehmen für jemanden bedeutet, der selber die Geschäftsidee hatte und operativ an der Spitze steht. In einer solchen Rolle stellt man die Regeln selber auf. Die Unterscheidung der Werte des Unternehmens und die der eigenen treten nicht im selben Maße zutage wie bei Angestellten. Der zweite Aspekt, d. h. die Standards der Berufsgruppe hoch zu halten, wurde von einem Start-up-Gründer bzw. CEO, der mit Personendaten zu tun hat, als sehr wichtig beschrieben. Für den Erfolg seiner Firma sei der korrekte Umgang mit sensiblen Informationen absolut zentral und überlebenswichtig. Trotz der Schwierigkeit bei der Suche nach einer Antwort waren sich die meisten Start-up-Gründer bzw. CEOs einig, dass eine kritische Grundhaltung die passendste ist und dass diese Dimension wichtig für einen Start-up-Gründer bzw. CEO ist.

9.3.1.2 Zwischenmenschliche Offenheit

Bei zwischenmenschlicher Offenheit geht es darum, wie man auf das Gegenüber eingehen, aber auch wie man sich davon abgrenzen kann. Dabei spielen Einstellungen wie Respekt, Offenheit und Empathie eine große Rolle. Aber auch die interkulturelle Offenheit ist ein Teil dieser Dimension.

Da gibt es einerseits die Aufgeschlossenen: Sie sind an anderen Menschen, ihren Meinungen und ihren Kulturen interessiert. Außerdem zeigen sie ein gutes Maß an Empathie und gehen auf das Gegenüber als Mensch ein.

Andererseits gibt es die Höflichen: Sie sind aufmerksam, respektvoll und korrekt. Sie tolerieren Andersartigkeit, können sich aber gut abgrenzen, wodurch sie meist eher sachlich wirken.

Übersteigerte Ausprägungen dieser Dimension bilden auf der einen Seite die Distanzlosigkeit. Menschen die sich schon fast aufdringlich auf das Gegenüber einlassen und es nicht mehr differenziert wahrnehmen. Am Gegenpol befinden sich Personen, die sich nur oberflächlich auf andere einlassen und sich im Grundsatz desinteressiert zeigen. Sie lassen sich nicht beeindrucken und von außen kaum beeinflussen.

Perspektive Start-up-Gründer/ CEO
Zwischenmenschliche Offenheit überrascht mit einer eher großen Bandbreite an Einschätzungen durch die Start-up-Gründer bzw. CEOs. Sie reicht von eher zurückhaltend bis total aufgeschlossen. Die Mehrheit hält eine eher größere Offenheit für passend. Dies hängt sicherlich mit dem oftmals international aufgestellten Gründungsteam zusammen und mit dem Fakt, dass in einer Gründungsphase ein überdurchschnittlicher Einsatz von den Mitarbeitenden erwartet wird. Dieser wird oft erreicht, wenn man nah am Gegenüber ist und sich auf ihn einlässt. Aus diesem Grund, erklärte ein CEO, stelle er v. a. Menschen ein, die er kenne, da sei diese Nähe einfacher herzustellen, die er brauche.

9.3.1.3 Lernbereitschaft

Die Lernbereitschaft rundet die Werte ab. Diese Dimension beschreibt den Wunsch nach persönlicher Weiterentwicklung, der sich in Neugier und großer Offenheit manifestiert.

Die eine positive Ausprägung beschreibt neugierige Personen, die über eine Auseinandersetzung mit unterschiedlichen Themen ein persönliches Wachstum anstreben. Sie gehen dabei meist systematisch vor und zeigen eine große persönliche Lernbereitschaft.

Die andere positive Ausprägung zeigt die eher etwas zurückhaltende Seite der Lernbereitschaft. Man ist Neuem nicht abgeneigt und nimmt Anregungen für die persönliche Weiterentwicklung lernoffen auf. Auch zeigt sich eine Bereitschaft zur Auseinandersetzung mit der eigenen Person.

Weniger wirkungsvoll sind Personen, die zwar über eine große Offenheit verfügen, aber dabei unkritisch und konzeptlos sind. Dies führt zu einer großen, kaum zu verarbeitenden Menge an neuen Informationen, die den Menschen orientierungslos macht, indem er sich durch das Verzetteln selbst überfordert. Auf der Gegenseite finden sich bequeme Menschen, die so selbstzufrieden sind, dass Veränderung nur auf Druck von außen stattfindet. Aber ohne die Fähigkeit sich und die Umwelt infrage zu stellen, entsteht kaum echte Persönlichkeitsentwicklung.

Perspektive Start-up-Gründer bzw. CEO
Hier besteht eine große Übereinstimmung in der Beurteilung der Ausprägung durch die Start-up-Gründer bzw. CEOs. Aufgrund der vielen Neuerungen, die einem als Gründer während der Start-up-Phase begegnen, sind Neugier und Lernbereitschaft ein absolutes Muss. Aber es gibt auch mahnende Stimmen, die sagen, „wer zu neugierig ist, kommt vom Weg ab", und vor einer übersteigerten Ausprägung der Lernbereitschaft warnen.

9.3.2 Denken

Beim Faktor „Denken" geht es um analytische, planerische und strategische Fähigkeiten. Diese Mechanismen sind der Handlungsphase zeitlich vorgelagert und bilden dann die Grundlage für die Wahl der richtigen Handlungsoption. Die Wichtigkeit der intellektuellen Fähigkeiten für den Berufserfolg ist bereits in mehreren Studien dokumentiert, aber auch, dass sie keine hinreichende Bedingung dafür sind (◘ Tab. 9.2).

9.3.2.1 Analysefähigkeit

Die Analysefähigkeit besteht aus Problemerkennung und -durchdringung. Das Ziel ist, aus einer Vielzahl von möglichen Optionen die machbaren und zielführendsten auszuwählen.

Eine analytische und wachsame Grundhaltung gepaart mit der Fähigkeit in Varianten zu denken ergibt eine positive Ausprägung dieser Dimension.

Aber auch eine intuitive, stärker auf die praktische Umsetzung orientierte Denkweise kann sich durch einen pragmatischen Ansatz als gewinnbringend herausstellen.

Wenn die Analysefähigkeit zu stark ausgeprägt ist, dann kann dies zu einem Verlust des Überblicks führen, da man „den Wald vor lauter Bäumen nicht mehr sieht". Durch die Versessenheit auf Details überschreitet die Problemanalyse dann ein sinnvolles Maß und bindet damit zu viele Ressourcen. Bei geringer

◘ **Tab. 9.2** Dimension „Denken": Übersicht Wertequadrate

Kompetenz	Überzogen	Ausprägung 1	Ausprägung 2	Überzogen
Analysefähigkeit	oberflächlich	pragmatisch	analytisch	detailversessen
Strategisches Denken	kurzsichtig	vorausschauend	strategisch	phantastisch
Planungsfähigkeit	planlos	flexibel	strukturiert	rigide

Fähigkeit oder mangelnder Motivation zur Analyse wird der Intuition ein zu hoher Stellenwert beigemessen und grundlegende Überlegungen werden nicht getroffen, auch wenn es opportun wäre. Das Resultat ist dann eher oberflächlich.

Man könnte diese zwei Elemente dieser Dimension mit dem System 1 (schnell, instinktiv) und dem System 2 (langsam, logisch) von Kahneman (2012) vergleichen. Nur wenn beide Systeme im richtigen Moment eingesetzt werden, arbeitet man effektiv. Reines Abstützen auf eines der Systeme hingegen erweist sich schließlich als kaum produktiv.

Perspektive Start-up-Gründer bzw. CEO
Die Aussage eines Gründers: „Ein Start-up muss effektiv, aber nicht effizient sein!", spiegelt die vorherrschende Meinung wider. Man muss sich seiner zentralen Anliegen sicher sein, aber im Alltag pragmatisch zu einer Lösung kommen. Zu große Detailversessenheit würde zu viele Ressourcen binden. Aber bei den wichtigen Punkten nicht genug ins Detail zu gehen, wäre auch fatal. Dieses Spannungsfeld bei der Analysefähigkeit wurde von vielen Interview-Partnern beschrieben. Letztendlich komme es aber im Alltag v. a. auf eine pragmatische Entscheidungsfindung an, weil man sonst zu viel an Tempo verliere.

9.3.2.2 Strategisches Denken
Beim strategischen Denken geht es darum, übergreifende Zusammenhänge vor einem längeren Zeithorizont durchblicken zu können. Diese Fähigkeit dient dazu, zukünftige Entwicklungen zu antizipieren, um die Organisation darauf vorzubereiten.

Positiv im Sinne des Wertequadrates sind Personen, die aus der Analyse herrschender Trends Herausforderungen für das Unternehmen ableiten. Aufgrund systematischer Betrachtungen gelangen sie zu Strategien, welche die zukünftige Entwicklung – mit im ureigentlichen Sinn strategischer Perspektive – vorwegnehmen.

Zweckmäßig ist auch, sich mit den Entwicklungen in seinem Umfeld auseinanderzusetzen und aufgrund dieser Informationen vorausschauend Handlungsrichtlinien zu entwickeln, die dann zwar oft keine Strategien im engeren Sinne sind, aber doch Züge einer strategischen Planung zeigen.

Weniger förderlich ist die Auseinandersetzung mit der Zukunft zum reinen Selbstzweck. Wenn der Bezug zur Gegenwart und zur Organisation fehlt, dann neigen diese Analysen zu phantastischen Luftschlössern zu verkommen. Aber auch das kurzsichtige Agieren, das kaum übergreifende Zusammenhänge betrachtet, ist wenig erfolgversprechend.

Perspektive Start-up-Gründer bzw. CEO
Beim „strategischen Denken" beschreibt die Mehrzahl der Start-up-Gründer bzw. CEOs die ideale Ausprägung für sich als strategisch. Gleichzeitig sagen auch viele, dass man dann, wenn man etwas Neues macht, nicht zu strategisch agieren kann. Man hat nicht genug echte Informationen bei einem innovativen Angebot und muss deshalb schnell auf die Rückmeldungen des Marktes reagieren und es anpassen können. Ein langfristiges Vorausschauen wird dadurch extrem schwierig. Eine Person hat das als „Vision gepaart mit einer kurzfristigen Planung" beschrieben.

9.3.2.3 Planungsfähigkeit
Mit Planungsfähigkeit ist die Kompetenz gemeint, die es ermöglicht, Abläufe, Projekte und Prozesse zu planen. Dabei kann man das Gesamtziel auf umsetzbare Schritte herunterbrechen und auf diese Weise die Zielerreichung erleichtern.

Wirkungsvoll ist es, eine strukturierte Planung zu machen. Dabei sind die Identifikation der Ziele und die Betrachtung des Umfelds sehr wichtig. Das Resultat sollten klare Zwischenziele und Umsetzungsschritte sein.

Ebenfalls effektiv ist ein flexibles, aber doch planvolles Vorgehen, wobei zwar Teilziele geplant sind, jedoch nicht jedes Detail, sondern mit Freiraum für die Anpassung an mögliche Veränderungen.

Wenig sinnvoll ist ein absolut rigides Vorgehen. Erstens braucht man ausgesprochen viel Zeit, um eine Planung bis ins letzte Detail zu machen. Zweitens verliert man dadurch die notwendige Flexibilität, um auf veränderte Rahmenbedingungen einzugehen. Auch ein planloses Vorgehen ist wenig zielführend. Ohne Definition des Endziels und der Zwischenziele ist die Gefahr sehr groß, vom Weg abzukommen.

Perspektive Start-up-Gründer bzw. CEO
Für die Start-up-Gründer bzw. CEOs war die Planungsfähigkeit die wichtigste Kompetenz innerhalb des Bereichs „Denken". Sie erachten eine gute Planungsfähigkeit als Voraussetzung für den Erfolg, da diese mit einer verlässlichen Leistungserbringung einhergeht. Gleichzeitig wird auch Flexibilität zur Anpassung an Marktwünsche gefordert. Die Entwicklungszyklen sollten nicht länger als wenige Monate sein. Vorgehen, um diesen Anforderungen zu begegnen, sind agile Planungsmethoden wie Scrum.

9.3.3 Handeln

Der dritte große Faktor des Führungskompetenzmodells, „Handeln", fokussiert ganz allgemein die umsetzungsorientierten Aspekte von Führungshandeln. Dabei kommt den vier Dimensionen des Bereichs Handeln jeweils unterschiedliche Bedeutung zu (◘ Tab. 9.3).

9.3.3.1 Unternehmerisches Handeln

Einerseits als Ausgangspunkt bzw. Vorbedingung der Handlungen, aber im Weiteren auch als beständiger und umfassender Handlungstreiber, steht unternehmerisches Handeln. Unternehmerisches Handeln schließt sowohl Prozessoptimierungen als auch Qualitätssicherungsmaßnahmen mit ein, um beabsichtigte Effekte wie Kundenzufriedenheit oder finanziellen Erfolg hervorzubringen.

Auf der Kompetenzebene besteht unternehmerisches Handeln aus zwei entscheidenden Aspekten, nämlich dem Antrieb und der Fähigkeit. Der Antrieb spiegelt bekannte Begriffe wie Motivation bzw. Leistungsmotivation und Ausdauer wider. Effekte können in diesem Verständnis nur erzeugt werden, wenn Antrieb und Energie selbstmotiviert über die Zeit vorhanden sind. Fähigkeit ist insofern wichtig, als dass eine entsprechende Wissensbasis und ausreichend Erfahrung vorhanden sein müssen, um die Effekte gekonnt, also bewusst und planvoll, zu erreichen.

Unternehmerisches Handeln kann sich – getreu der Dynamik des Wertequadrates – in zwei Ausprägungen produktiv manifestieren. Proaktive Personen schauen dabei fortlaufend, wo Verbesserungen vorgenommen werden können, und werden nicht müde, ständig dran zu bleiben. Im Fokus stehen v. a. die Auswirkungen auf die Kunden oder das finanzielle Ergebnis.

Eher vorsichtige Personen nehmen Veränderungen ebenfalls in die Hand, nicht ohne jedoch zuvor evaluiert zu haben, wo Maßnahmen den größten Nutzen erbringen. Im Fokus stehen v. a. Produktivität und Qualität.

Ungünstige Überzeichnungen von unternehmerischem Handeln wären entweder umtriebiges Handeln im Sinne eines vermeintlich gezielten, aber doch eher cowboyhaften Um-sich-Schießens, oder latente Untätigkeit, die einem minimalen und auf den eigenen Bereich begrenzten Agieren entspricht.

◘ Tab. 9.3 Dimension „Handeln": Übersicht Wertequadrate

Kompetenz	Überzogen	Ausprägung 1	Ausprägung 2	Überzogen
Unternehmerisches Handeln	untätig	vorsichtig	proaktiv	umtriebig
Entscheidungsfreude	unentschlossen	besonnen	beherzt	vorschnell
Zielfokussierung	unbekümmert	wendig	beharrlich	verbissen
Resilienz	verletzlich	elastisch	robust	unempfindlich

Perspektive Start-up-Gründer bzw. CEO
Für Start-up-Gründer bzw. CEOs steht ganz klar eine sehr proaktive Haltung im Hinblick auf unternehmerisches Handeln im Vordergrund. Alle von uns befragten Personen gaben die Ausprägung „proaktiv" an, tendenziell in einer eher starken Ausprägung. Der unbedingte Fokus auf die Kundenzufriedenheit wurde dabei besonders betont, was im harten Wettbewerb, dem Start-ups ausgesetzt sind, sehr gut nachvollziehbar ist.

9.3.3.2 Entscheidungsfreude

Wer Pläne umsetzen und Handlungen initiieren möchte, muss sich für einen Weg, idealerweise für ein geplantes Vorgehen, entscheiden. Diese alte Weisheit wurde bereits im motivationspsychologischen Rubikonmodell von Heinz Heckhausen (1980) abgebildet, wonach der Umsetzung eines Planes nach einer Abwägungsphase stets eine Entscheidung im Sinne einer Willensbildung vorangeht – in der Metapher der Fluss Rubikon überschritten wird – und es kein Zurück mehr gibt.

Entscheidungsfreude im Führungskompetenzmodell wird grundsätzlich als notwendige Vorbedingung für erfolgreiches Handeln angesehen. Dabei müssen Entscheidungen initiativ und rechtzeitig gefällt werden, sozusagen der noch nicht eingetroffenen Zukunft vorausgreifend, um ebendiese zu beeinflussen bzw. nachfolgendes Handeln optimal steuern zu können. Entscheidungen müssen aber auch mit der nötigen Umsicht getroffen werden, damit sie das einleiten, was vorgesehen ist.

Ein wichtiges Merkmal im Kontext Führung stellt der Grad der Eigenständigkeit dar. Nur wer wirklich eigenständig entscheidet, kann später auch effektiv die Verantwortung für ausgelöste Folgen übernehmen.

Die zwei grundlegenden Arten, sich für etwas zu entscheiden, unterscheiden sich im Hinblick auf das Tempo und die Fundiertheit. Beherzte Entscheider sprechen sich zwar ab, fällen aber ihre Entscheidungen vorwärtsorientiert und treiben die Auslösung nachfolgender Handlungen voran, wofür sie auch die Verantwortung übernehmen.

Eher besonnene Entscheider klären wichtige Details zunächst ab und teilen die Verantwortung für nachfolgende Handlungen, indem sie sich besprechen und sich grünes Licht holen, bevor sie konkret entscheiden.

Ungünstige Überzeichnungen von Entscheidungsfreude sind einerseits vorschnelles Entscheiden, bei dem Spontaneität und hohe Autonomie unerwünschte Handlungskonsequenzen mit sich bringen kann, auch wenn es um Sachverhalte mit großer Tragweite geht. Andererseits hemmen Abwarten und Zögern das Entscheiden unter Umständen so stark, bis es zu spät für beabsichtigte Wirkungen ist.

Perspektive Start-up-Gründer bzw. CEO
Für Start-up-Gründer bzw. CEOs steht klar eine beherzte Form von Entscheidungsfreude im Vordergrund, was sich in einem Fall sogar in der Handlungsempfehlung „zuerst schießen, dann fragen" akzentuiert hat. Entscheidungswege dürften auf jeden Fall nicht lang sein und man sollte Freude an Dynamik haben.

9.3.3.3 Zielfokussierung

Ist erstmal der Plan gemacht und die Variante durch eine Entscheidung ausgewählt, geht es darum, die beabsichtigten Wirkungen bewusst gesteuert zu erreichen. Die durch den Plan identifizierten bzw. definierten Mittel und Prozesse gilt es auf eine solche Weise zu überwachen, dass Termine und definierte Standards eingehalten werden können, gerade auch, wenn Unwägbarkeiten und Hindernisse die Zielerreichung gefährden.

Zielfokussierung kann auf zwei verschiedene Arten ausgeführt werden: einerseits durch eine beharrliche Art, bei der Arbeitsfortschritte eng überwacht werden und sofort interveniert wird, wenn etwas nicht plangemäß verläuft. Dieses engmaschige Monitoring gewährleistet, zu jeder Zeit den Überblick zu haben und Friktionen angemessen zu bewältigen sowie Termine einzuhalten.

Ebenfalls auf der Basis eines durch systematisches Monitoring beruhenden Überblicks ermöglicht ein eher wendiges Verhalten, flexibel auf Änderungen und Dringlichkeitsverschiebungen zu reagieren, ohne in Hektik zu verfallen. Dies schließt auch das durch veränderte Rahmenbedingungen nötig gewordene Anpassen von Prozessen und Zielen in Abweichung des ursprünglichen Planes.

Weniger angemessen wären entweder ein detailversessenes Mikro-Management und ein verbissenes Verfolgen des Planes oder eine unbekümmerte Haltung, bei der man die Dinge einfach geschehen lässt, zwar durchaus auch aktiv eingreift, das ursprünglich avisierte Ziele u. U. jedoch nicht mehr erreicht.

Perspektive Start-up-Gründer bzw. CEO
Für Start-up-Gründer bzw. CEOs steht eher eine beharrliche Art der Zielfokussierung im Vordergrund, bei der es darum geht, zeitaktuell den Fortschritt von Plänen nachzuverfolgen und ständig den Überblick zu haben. Unter Umständen können sich unterschiedliche Prioritäten im Hinblick auf die Flughöhe der Zielfokussierung ergeben, indem operative Pläne eher beharrlich und visionäre Pläne eher mit einer Portion Wendigkeit nachverfolgt werden.

9.3.3.4 Resilienz

Um gefasste Pläne konsequent verfolgen zu können, insbesondere wenn widrige Umstände die Sache erschweren, ist ein bestimmtes Ausmaß an Beharrungsvermögen und Frustrationstoleranz unabdingbar. Speziell dann, wenn eine Situation sich so stark verändert, dass ganz neue Herausforderungen entstehen, gilt es mit optimistischem Blick an den eigenen Vorhaben und Plänen dranzubleiben.

Für einige Menschen stellen solche Herausforderungen – auch wenn man guten Mutes und willens ist, diese auch effektiv anzupacken – mitunter ein großes Erfordernis dar, durch bewusste Planung und gezieltes Auseinandersetzen trotzdem noch einen Weg zu finden, auf dem die gesteckten Ziele erreicht werden können. Dabei ist es jeweils wichtig, die eigenen Ressourcen sorgfältig einzusetzen, um elastisch zu bleiben und sich nicht allzu stark zu verausgaben.

Für robuste Personen bilden besondere Herausforderungen erst das richtige Ausmaß an Stimulation, um Höchstleistungen zu erbringen.

Sie werden dann besonders flexibel und finden effiziente Bewältigungsstrategien, ja können Misserfolge als Lernmöglichkeiten einfach überwinden.

Eine große Ähnlichkeit besteht mit dem psychologischen Konzept „Hardiness" (Kobasa, 1979), das durch die drei Komponenten Commitment (aktive Selbstverpflichtung für die Ziele), Control (durch bewusste Situationskontrolle Einfluss nehmen) und Challenge (Herausforderung) eine Chance zum Lernen sehen, nicht als Bedrohung charakterisiert ist.

Hinderlich für die Bewältigung herausfordernder Situationen sind extreme Übersteigerungsformen: zum einen eine dünnhäutig-pessimistische Herangehensweise, die mit einer vorschnellen (Selbst-)Aufgabe einhergeht und von Verletzlichkeit geprägt ist. Zum anderen verhindern eine übersteigerte Abgebrühtheit sowie unempfindliches Erdulden eine transformative Anpassung an die herausfordernden Gegebenheiten und können eine integrative Gesamtlösung beeinträchtigen, auch wenn eine sehr hohe Zähigkeit an den Tag gelegt wird.

Perspektive Start-up-Gründer bzw. CEO
Für Start-up-Gründer bzw. CEOs ist die Qualität der Ausprägung von Bewältigungsfähigkeit weniger wichtig. Im Vordergrund steht das Erreichen von Zielen – oder bei Friktionen: einer praktikablen Lösung – in der vorgegebenen Zeit. Als wesentlich wird dabei ein unerschütterlicher Glaube an einen erfolgreichen Ausgang des Vorhabens angesehen, der über längere Zeit aufrecht erhalten bleibt. Dabei sollen – ähnlich dem Stockdale-Paradoxon – keine weniger wichtigen Ziele oder unrealistischen Zwischenziele ins Auge gefasst werden, sondern eben mit optimistischer Haltung das große Endziel.

9.3.4 Interagieren

Bei „Interagieren" sind verschieden Fähigkeiten zusammengefasst, die sich im zwischenmenschlichen Kontakt manifestieren. Dazu gehören die Fähigkeiten sich durchzusetzen, zu kooperieren und zu kommunizieren (◘ Tab. 9.4).

Tab. 9.4 Dimension „Interagieren: Übersicht Wertequadrate

Kompetenz	Überzogen	Ausprägung 1	Ausprägung 2	Überzogen
Durchsetzungsgeschick	nachgiebig	diplomatisch	nachdrücklich	dominierend
Kooperationsfähigkeit	einzelgängerisch	mitwirkend	engagiert	aufopfernd
Kommunikationsfähigkeit	hölzern	sachlich	souverän	selbstdarstellerisch

9.3.4.1 Durchsetzungsgeschick

Das Durchsetzungsgeschick beschreibt die Fähigkeit, seine Interessen trotz Widerständen zu erreichen. Grundsätzlich gibt es den Weg der Konfrontation und der Kraft und den Weg der Taktik und der Diplomatie. Dabei zeigen sich Analogien zum interessenbasierten Verhandeln nach dem Harvard-Prinzip (Fisher & Ury, 1984), dessen Motto lautet „Hart in der Sache – Weich zu den Menschen". Um sich echt durchzusetzen ohne die Beziehung zu gefährden, muss man sowohl die Sach- als auch die Beziehungsebene ansprechen.

Menschen, die selbstbewusst auftreten, ihre Meinung direkt äußern und auch keine Angst vor Konflikten haben, erweisen sich oft als effizient in der Durchsetzung. Diese Nachdrücklichkeit bringt v. a. dann Erfolg, wenn die Beziehungsebene nicht außer Acht gelassen wird.

Aber auch Menschen, die sich differenzierter äußern und sich mehr über Geschick und Beziehungen durchsetzen, können sehr erfolgreich sein. Dabei agieren sie in diplomatischer Manier meist eher vermittelnd, taktierend und der Situation angepasst.

Als negativ ist reine Dominanz zu werten. Wenn man sich durchsetzt ohne Rücksicht auf Verluste, wird der Aufbau von tragfähigen Beziehungen schwierig werden. Auch die übertriebene Nachgiebigkeit, die meist mit Konfliktvermeidung einhergeht, ist in den wenigsten Fällen zielführend.

Perspektive Start-up-Gründer bzw. CEO

Auffallend ist, dass das Durchsetzungsgeschick über das ganze Modell als die Dimension mit der geringsten Wichtigkeit bewertet wurde. Auch waren die Einschätzungen um die Mitte herum relativ gleichmäßig verteilt. Ein Erklärungsansatz für diese Bewertung lieferte ein Start-up-Gründer mit der Aussage: „Die Wichtigkeit dieser Dimension wird oft überschätzt. Der Einfluss der Person ist oft viel kleiner als derjenige der Situation." Wenn die gemeinsame Vision stimmt, dann reagiert man auf Kundenbedürfnisse und eine eigentliche Durchsetzung ist nicht mehr nötig.

9.3.4.2 Kooperationsfähigkeit

Bei Kooperationsfähigkeit steht eine konstruktive Zusammenarbeit im Zentrum. Es geht darum, den Sinn von Teamwork zu erkennen und sich aktiv für seine Gruppe einzusetzen.

Förderlich ist eine engagierte Einstellung, bei der man sich für den Austausch einsetzt und auch bereit ist, unbeliebte, aber wichtige Arbeiten zu erledigen. Zudem gehört die Einbindung aller Teammitglieder dazu. Menschen mit dieser Ausprägung schätzen oft die Geselligkeit.

Auch erfolgversprechend ist eine mitwirkende Grundhaltung. Dabei steht die aktive Zusammenarbeit im Vordergrund und weniger der Austausch. Dafür besitzt diese Person die Fähigkeit (oder den Wunsch), für sich alleine zu arbeiten.

Welche Ausprägung ideal ist, hat stark mit den Kontaktmöglichkeiten zu tun, die eine Arbeitsstelle bietet. Es gibt Stellen, die bieten intern oder extern sehr viele Austauschmöglichkeiten, andere hingegen kaum oder nur wenige. Insofern ist dieser Punkt für die grundlegende Passung zwischen Person und Position sehr wichtig.

Führungskompetenz – worauf es wirklich ankommt

Wenig dienlich sind aufopfernde Menschen, die regelrecht in der Teamarbeit aufgehen. Wenn man sich zu stark für das Team verantwortlich fühlt, dann können die eigenen Bedürfnisse in den Hintergrund treten, was langfristig wenig förderlich ist. Auch ein einzelgängerisches Arbeiten führt selten zum Erfolg, weil der Abstimmung mit den Teammitgliedern oft eine zentrale Bedeutung zukommt.

Perspektive Start-up-Gründer bzw. CEO
Mittlere Ausprägungen in der Dimension Kooperationsfähigkeit wurden von den Start-up-Gründern bzw. CEOs meist als passend erachtet. Im Interview kamen aber immer wieder Aussagen, wie wichtig – v. a. bei dieser Dimension – die Vorbildfunktion des Vorgesetzten sei. Ein Team muss sich selber finden, aber der CEO muss zeigen, was ihm wichtig ist. Auch bei der Kooperationsfähigkeit wurden beide Extreme als klar nicht zielführend abgelehnt.

9.3.4.3 Kommunikationsfähigkeit

Die Kommunikationsfähigkeit beschreibt den Auftritt, die Ausdrucksweise und die Fähigkeit, die Atmosphäre zu gestalten. Einerseits geht es um den sachlichen Fokus und andererseits um die emotionale Ansprache des Gegenübers. Diese zwei Elemente entsprechen in etwa dem Beziehungsaspekt und dem Inhaltsaspekt der Kommunikationsaxiome von Paul Watzlawick (Watzlawick, Beavin & Jackson, 1969).

Günstig ist die Fähigkeit, glaubwürdig und überzeugend aufzutreten und dabei prägnant und höflich zu kommunizieren. Bei dieser souveränen Art des Auftretens wird aber nicht nur dem Sachaspekt Rechnung getragen, sondern auch versucht, die Menschen auf der emotionalen Ebene für sich zu gewinnen.

Ebenfalls förderlich ist eine sachliche Kommunikation, wobei der Schwerpunkt eher auf dem Wesentlichen und der inhaltlichen Korrektheit liegt. Das Gegenüber schätzt in der Regel den klaren Fokus und den Sachbezug.

Ungünstig ist ein übertrieben selbstdarstellerisches Verhalten, wenn sich der Gesprächspartner über Gebühr in den Mittelpunkt stellt und sogar theatralisch auftritt. Man wird dann weniger ernst genommen. Aber auch ein distanziertes und gehemmtes Auftreten in Kombination mit einer großen Zurückhaltung wird kaum aussichtsreich sein, da eine hölzern wirkende Kommunikationsweise wenig den Zugang zu anderen Menschen fördert.

Perspektive Start-up-Gründer bzw. CEO
Kommunikationsfähigkeit wird als durchschnittlich wichtig, aber als die wichtigste innerhalb des Faktors „Interagieren" beschrieben. Die Idealausprägungen, eingeschätzt durch die Start-up-Gründer bzw. CEOs, sind um die Mitte rechts-links-symmetrisch verteilt. Dabei gibt es diejenigen, die den CEO eher als Verkäufer sehen und deshalb die emotionale Komponente der Kommunikation betonen. Andere hingegen sehen langfristig in einer sachlich-nüchternen Kommunikation einen Schlüssel zum Erfolg.

9.3.5 Führen

Der fünfte große Faktor des Führungskompetenzmodells, „Führen", rückt das auf Menschen bezogene Führungshandeln ins Zentrum und bildet zwei sehr etablierte und verbreitete Kategorien von Führungsverhaltensstilen ab: transaktionales Führen und transformationales Führen, die im Modell „full range of leaderhip" von Bruce Avolio und Bernard Bass (1991) mit den jeweiligen Unter-Nuancen die wesentlichen Führungsstile darstellen (◘ Tab. 9.5).

9.3.5.1 Führung transaktional

Führung transaktional bezieht sich auf die sachlich-funktionalen Führungsprozesse und fokussiert auf einen effizienten Ressourceneinsatz (Personal, Zeit, Material), bewusstes Delegationsverhalten und systematisches fortwährendes Zielerreichungs-Controlling mit Ableitung positiver oder korrigierender Konsequenzen.

Effiziente Wege können einerseits in der Betonung von Delegation liegen, bei der den Mitarbeitenden durch klare Zielvorgabe besonders

◘ **Tab. 9.5** Dimension „Führen": Übersicht Wertequadrate

Kompetenz	Überzogen	Ausprägung 1	Ausprägung 2	Überzogen
Führung transaktional	laissez-faire	delegierend	steuernd	einengend
Führung transformational	rational	fördernd	inspirierend	abgehoben

viel Verantwortung übertragen wird und das Führungsverhalten v. a. aus Koordination und Überprüfung des Zielerreichungsgrades liegt.

Andererseits kann auch ein eher steuerndes Verhalten effektiv sein, bei dem Verhalten aufmerksam verfolgt und je nach Leistung belohnt oder durch Aufzeigen weiterer Entwicklungsschritte angepasst wird.

Als ineffiziente und wenig effektive Verhaltensstrategien sind sowohl der Laissez-faire-Stil zu nennen, bei dem starkes Gewährenlassen praktiziert wird, das bis hin zu vernachlässigendem Verhalten gehen kann, und einengendes Verhalten, das durch einen hohen Detailfokus engmaschig begleitet und auch bei Kleinigkeiten Interventionen auslöst. Die Verantwortung bleibt dabei auf jeden Fall bei der Führungskraft.

Diese beiden Wege werden auch als „destruktives Führungsverhalten" eingestuft, weil damit u. U. schädliche Auswirkungen sowohl auf die Mitarbeitenden als auch die Organisation zu erwarten sind.

Perspektive Start-up-Gründer bzw. CEO
Für Start-up-Gründer bzw. CEOs ist es völlig selbstverständlich, durch Delegation z. T. viele Freiheiten zu lassen und Verantwortung auf die Stufe zu delegieren, wo die Kompetenz liegt. Dieser Teil wird nicht als besonders wichtig erachtet, sondern eher als selbstverständlich empfunden. Dabei wird aber auch eingeräumt, dass das nur bei sehr fähigen Mitarbeitenden überhaupt möglich ist. Auch unterschiedliche Phasen eines Start-ups zeitigen unterschiedlich intensive Delegation: Zu Beginn ist ein höherer Strukturierungsgrad am Platze, mit zunehmender Reife der Organisation bzw. der Produkte und der Anzahl an Mitarbeitenden muss mehr losgelassen werden.

Auf jeden Fall soll die Ausrichtung an Zielen keinen Abbruch erleiden, Ergebnisse bleiben wichtig. Und das Nachverfolgen des Zielerreichungsgrades kann mitunter durchaus ziemlich strukturiert erfolgen, wie das bei der Kompetenz Zielfokussierung erkennbar wurde. Damit entsteht eine gewisse Spannung von Delegation und Zielfokussierung, die durch ständige Feedback-Schleifen moderiert werden muss.

9.3.5.2 Führung transformational

Führung transformational bezieht sich auf die Motivation und Förderung der Mitarbeitenden sowie auf Teambildung. Dabei erfolgt Motivation weniger durch Formen von Belohnung, sondern indem Visionen aufgezeigt, ein Sinn in der Arbeit vermittelt sowie kreativer Austausch ermöglicht wird. Förderung von Mitarbeitenden erfolgt durch lernorientiertes Feedback basierend auf einer wertschätzenden Würdigung der Leistung. Teambildung wird daran gemessen, wie gut es einem Vorgesetzten gelingt, ein erfolgreiches Team zusammenzustellen.

Die beiden Hauptnuancen spiegeln die beiden typischen Umsetzungsformen von transformationaler Führung wider. Fördernd mit einem Fokus auf Sinnvermittlung als Vorbild, Ermöglichung von kreativem Denken mit angemessenen Freiräumen (zeitlich, organisatorisch, räumlich) und intensivem Austausch mit den Mitarbeitenden. Förderung erfolgt dabei individuell auf die einzelnen Mitarbeitenden ausgerichtet und berücksichtigt auch deren Bedürfnisse. Die Bildung von Teams erfolgt mit einem sorgfältigen Blick auf die Konstellation.

Die zweite Form durch Inspiration holt Mitarbeitende v. a. durch das Aufzeigen einer Vision ab und unterstützt Förderung primär durch das Schaffen einer lernorientierten Atmosphäre sowie durch das Bereitstellen einer Angebotspalette, für deren Nutzung die Mitarbeitenden zu einem großen Teil selbst verantwortlich sind. In Bezug auf Teambildung steht die Entwicklung des Teams im Vordergrund.

Wenig transformationale Wege manifestieren sich dann, wenn entweder v. a. sachlich und rational geführt wird, sodass Motivation und Inspiration durch stark zielbezogene und strukturbetonte nicht zur Geltung kommen. Die Alternative ist, dass durch abgehobene, unverständliche Visionen und allzu große desorientierende Freiräume Unklarheiten entstehen, die weder durch Kommunikation noch durch Teambildung aufgefangen werden können.

Perspektive Start-up-Gründer bzw. CEO
Für Start-up-Gründer bzw. CEOs kann Führung transformational sowohl mit einer Betonung von Förderung und Dialog als auch durch Inspiration und Entwicklungsfreiheiten erfolgen. Dass Führung transformational effektiv transformational ausgerichtet und weder versachlicht noch abgehoben ankommt, wird als äußerst wichtig eingestuft. Es wird aber auch hier betont, dass dieser Führungsstil nur mit Mitarbeitenden funktioniert, die sich auch darauf einlassen können.

9.4 Start-up-Gründer bzw. CEO: Was führt zum Erfolg?

Gemessen an den Auskünften der von uns interviewten Start-up-Gründer bzw. CEOs gibt es zum einen ganz klar gemeinsame Ansichten, zum anderen aber auch unterschiedliche Meinungen dazu, welche Ausprägungen auf dem von uns entwickelten Führungskompetenzmodell zuletzt wirklich zum Erfolg führen.

Beim Bereich „Werte" ergaben sich eher unterschiedliche Ansichten für die Befragten, was möglicherweise damit zu tun hat, dass die drei Kompetenzen dieses Bereichs kaum direkt beobachtbar sind. Gleichzeitig kristallisierte sich in der Diskussion häufig die Wichtigkeit des Bereichs heraus. Für den Erfolg des Start-ups sind der Einsatz und die Motivation der Mitarbeitenden zentral. Dabei wird eine gesunde Neugierde, aber auch kritisches Denken als eher förderlich angesehen. Das bedeutet insgesamt, dass die Start-up-Gründer bzw. CEOs diese Einstellungen vorleben müssen, um eine entsprechende Kultur zu fördern. Dabei scheint es nicht zentral wichtig zu sein, eine ausgeprägte Wohlfühlatmosphäre zu kultivieren.

Im Bereich „Denken" scheint es für Start-up-Gründer bzw. CEOs eine große Herausforderung zu sein, sowohl pragmatisch als auch detailorientiert an Aufgaben zu gehen bzw. zu erkennen, wann welcher Weg richtig ist. Einerseits ist schnelles Reagieren auf Kundenbedürfnisse und Agieren nach dem Pareto-Prinzip unabdingbar, da man in der Gründungsphase mehr Aufgaben als Ressourcen zur Verfügung hat. Andererseits muss man sich seines Kernangebotes sicher sein und dazu alle Details kennen, wenn man potenzielle Kunden beispielsweise von Technologien überzeugen will, die häufig noch nicht fertig entwickelt sind. Zwischen den verschiedenen Polen hin und her zu wechseln ist immens wichtig, um das Entwicklungstempo, das in der Gründungsphase herrscht, überhaupt bewältigen zu können.

Der Bereich „Handeln" wird von den Start-up-Gründern bzw. CEOs unisono als am wichtigsten überhaupt eingestuft. Dabei soll eine proaktive und beherzte Haltung im Vordergrund stehen, die beharrlich und optimistisch auf das Endergebnis ausgerichtet ist. Stillstand ist Rückschritt oder er gibt anderen die Gelegenheit aufzuholen. Und da Kunden in der Gründungsphase teilweise noch rar sind, gilt es diejenigen fest an sich zu binden, die man gewonnen hat. Dabei spielt die Effizienz ab und zu erst die zweite Rolle, die erste ist der Zielerreichung vorbehalten, damit man überhaupt weiter existieren kann. Das Bild von der Nussschale im Meer und das Bewusstsein, dass niemand auf das neue Produkt gewartet hat, fordern einen unerschütterlichen Glauben an das Happy End und bringen dadurch auch viel Energie in Schwingung.

„Interagieren" als Bereich wurde insgesamt als am wenigsten wichtig beurteilt. Diese Bewertung scheint darauf hinzuweisen, dass die sozialen Fähigkeiten eines Start-up-Gründers bzw. CEO durchaus wichtig sind (z. B. als Vorbild), aber schließlich die Umsetzungsaspekte (Bereich „Handeln") doch zentral für den Erfolg sind und daher im Vordergrund stehen. Und die Bereitschaft, auch einmal eine eher funktionale Kommunikationskultur auszuhalten, wird im Kontext der intrinsischen Motivation, am Start-up mitzuarbeiten, vorausgesetzt.

Beim Bereich „Führen" wird von den Start-up-Gründern bzw. CEOs sehr deutlich darauf hingewiesen, dass transformationale Elemente wie Motivation, Dialog, Inspiration, Sinnvermittlung, Aufzeigen einer Vision sehr wichtig sind, um den in der Regel hoch qualifizierten Mitarbeitenden gerecht zu werden und die anspruchsvollen Ziele qualitativ, quantitativ und in der vorgegebenen Zeit erreichen zu können. Denn genau diese Ziele sind es, die immer wieder eine Extra-Anstrengung erfordern, bei der Dienst nach Vorschrift keine Option ist. Es müssen alle gemeinsam absolut begeistern sein von der Vision des Start-ups und motiviert genug, ein weit entferntes Ziel zu erreichen. Dieses klar und fassbar zu machen und die nötige innovative Schaffenskraft zu nähren, stellt eine der wesentlichen Aufgaben dar, der ein Start-up-Gründer bzw. CEO gerecht werden können muss.

Wenn man die im ▶ Abschn. 9.2 erwähnte Metaanalyse von Rauch und Frese (2007) bzw. die Studie von Staniewski und Kollegen (2016) den Antworten unserer – immerhin eher kleinen – Stichprobe entgegensetzt, wird doch eine wichtige Parallele erkennbar. Zwar begrifflich in anderer Währung, manifestiert sich aber doch der Aspekt der unter schwierigen Bedingungen vorwärts orientierten und innovativen Umsetzungskraft deutlich mit Attributen wie Leistungsmotivation, Innovationsfreude, Proaktivität bzw. Beeinflussungswille, Selbstwirksamkeit, Unabhängigkeit oder Belastbarkeit.

Literatur

Avolio, B. J. & Bass, B. M. (1991). *The full range leadership development programs: basic and advanced manuals.* Binghamton, NY: Bass, Avolio & Associates.

Bundesamt für Statistik (2016). *Neue Unternehmen 2014.* Medienmitteilung vom 10.10.2016. www.bfs.admin.ch/bfs/de/home/statistiken/industrie-dienstleistungen.assetdetail.1020383.html

Behrendt, P., Matz, S. & Göritz, A.S. (2017). An integrative model of leadership behavior. *The Leadership Quarterly, 28*, 229–244.

Blake, R.R. & Mouton, J.S. (1964). *The Managerial Grid: The Key to Leadership Excellence.* Houston: Gulf Publishing.

Boss, P. (2012). *Konstruktion eines Situational Judgment Tests für die Führungsdiagnostik auf der Grundlage des Act Frequency Approachs und des Wertequadrats.* Abhandlung zur Erlangung der Doktorwürde der Philosophischen Fakultät der Universität Zürich.

Brüderl, J., Preisendörfer, P. & Ziegler, R. (2007). *Der Erfolg neugegründeter Betriebe: Eine empirische Studie zu den Chancen und Risiken von Unternehmensgründungen* (3. erw. Aufl.). Berlin: Duncker & Humblot.

Duckworth, A.L., Peterson, C., Matthews, M.D. & Kelly, D.R. (2007). Grit: Perseverance and passion for long-term goals. *Journal of Personality and Social Psychology, 92*, 1087-1101.

Fisher, R. & Ury, W. (1984). *Das Harvard-Konzept. Sachgerecht verhandeln-erfolgreich verhandeln.* Campus: Frankfurt am Main.

Frese, M. & Gielnik, M.M. (2014). The Psychology of Entrepreneurship. *Annual Review of Organizational Psychology & Organizational Behavior, 1*, 413–438.

Gloor, A. (1993). *Die AC-Methode. Assessment Center. Führungskräfte beurteilen und fördern.* Zürich: Orell Füssli.

Heckhausen, H. (1980). *Motivation und Handeln. Lehrbuch der Motivationspsychologie.* Berlin: Springer.

Helwig, P. (1948). Das Wertequadrat. *Psyche, 2 (1)*, 121–127.

Kahneman, D. (2012): *Schnelles Denken, langsames Denken.* München: Siedler Verlag.

Klandt, H. (1998). *Gründungsmanagement. Der integrierte Unternehmensplan.* München: Oldenburg.

Kobasa, S. C. (1979). Stressful life events, personality, and health – Inquiry into hardiness. *Journal of Personality and Social Psychology, 37*, 1–11.

Lievens, F., Chasteen, C.S., Day, E.A. & Christiansen, N.D. (2006). Large-scale investigation of the role of trait activation theory for understanding assessment center convergent and discriminant validity. *Journal of Applied Psychology, 91*, 247–258.

Mooradian, T., Matzler, K., Uzelac, B. & Bauer, F. (2016). Perspiration and inspiration: Grit and innovativeness as antecedents of entrepreneurial success. *Journal of Economic Psychology, 56*, 232–243.

Neuberger, O. (2002). *Führen und führen lassen: Ansätze, Ergebnisse und Kritik der Führungsforschung (6., völlig neu bearb. und erw. Aufl.).* Stuttgart: Lucius und Lucius.

Rauch, A. & Frese, M. (2007). Let's put the person back into entrepreneurship research: A meta-analysis on the relationship between business owners' personality traits, business creation, and business success. *European Journal of Work and Organizational Psychology, 16,* 353–385.

Schulz von Thun, F. (1989). *Miteinander Reden 2. Stile, Werte und Persönlichkeitsentwicklung.* Reinbek bei Hamburg: Rowohlt.

Shane, S. A. (2008). *The Illusions of Entrepreneurship.* New Haven: Yale University Press.

Staniewski, M., Janowski, K. & Awruk, K. (2016). Entrepreneurial personality dispositions and selected indicators of company functioning. *Journal of Business Research, 69,* 1939–1943.

Tannenbaum, R & Schmidt, W.H. (1958). How to choose a leadership pattern. *Harvard Business Review, 36,* 95–102.

Tett, R. P. & Guterman, H. A. (2000). Situation trait relevance, trait expression, and cross-situational consistency: Testing a principle of trait activation. *Journal of Research in Personality, 34,* 397–423.

Tett, R. P., Guterman, H. A., Bleier, A. & Murphy, P. J. (2009). Development and Content Validation of a "Hyperdimensional" Taxonomy of Managerial Competence. *Human Performance, 13,* 205–251.

Watzlawick, P., Beavin, J. H. & Jackson, D. D. (1969). *Menschliche Kommunikation – Formen, Störungen, Paradoxien.* Bern: Huber.

Westermann, F. (2007). Wer einen Schlüssel hat, der Türen öffnet, braucht nicht durch die Wand zu gehen! Das Entwicklungsquadrat – eine Einführung. In F. Westermann (Hrsg.), *Entwicklungsquadrat. Theoretische Fundierung und praktische Anwendungen* (S. 9–19). Göttingen: Hogrefe.

Serviceteil

Stichwortverzeichnis – 113

© Springer-Verlag GmbH Deutschland 2018
C. Negri (Hrsg.), *Psychologie des Unternehmertums*, Der Mensch im Unternehmen: Impulse für
Fach- und Führungskräfte, https://doi.org/10.1007/978-3-662-56021-1

Stichwortverzeichnis

A

Akzeptanz des nahen Umfelds 52
Analysefähigkeit 99
Anpassungsfähigkeit, soziale 65
Arbeiten wir zusammen 50
Aufgabe
- der/des Nachfolger/in in der Familie 9
- des/der übergebenden
  Unternehmer/in 9
Aufmerksamkeit, balancierte 47
Auftrag, temporärer 40
Austausch 52
Auswertungsworkshop 60

B

Beraterrolle 61
Bereitschaft zur Innovation 58
Bescheidenheit-Ehrlichkeit 67
Big-Five-Modell 67
blame game 82
business coaching 79

C

Chance auf Wachstum 82
Change-Team 59
Coach-Rolle 61
Coffee-Talk 56
corporate identity 50

D

Delegation 105
Denken 99
- kritisches 107
- strategisches 100
Dialog 107
Dimension
- qualitative 54
- quantitative 54
Dinosaurierprinzip 4, 78
Double-Loop-Learning 83
Durchsetzungsbereitschaft 65
Durchsetzungsgeschick 104

E

Ehrlichkeit-Bescheidenheit 67
Eigenständigkeit 102
Empathie 98
Entscheidung, Konsequenzen der 85
Entscheidungsfreude 102
Entwicklung, persönliche 47
Entwicklungsprozess 80
Erfahrungen, Offenheit für neue 67
Erfahrung, Offenheit für neue 65
Erfahrungsschatz 88
Erfolgsteam 39
Erfolg, unternehmerischer 84
Erweitern der Komfortzone 89
Extraversion 65, 67

F

Fähigkeit, intellektuelle 99
Familie 24
Familienbetrieb 44
Familiendynamik 6
Familiensystem 19
Familienunternehmen 2, 6, 18
family governance 19
Feedback-Schleifen 106
Fehler 82
- bewusst riskieren 89
- vermeintlicher 87
Fehlertoleranz 50
Film 49
first-line manager 65
Flexibilität 101
Fokus, langfristiger 8
Fokussierung 38
Förderung 106
Frauen im Beruf 51
Frustrationstoleranz 103
Führen 105
Führungskulturen 21
Führungsstil 44
Führungsunterstützung 38
Führungsverhalten, destruktives 106
Führungswechsel 22
full range of leaderhip 105
Fünf-Faktoren-Modell 67

G

Geld 28
Generationswechsel 2, 18
Gesamtlösung, zukunftsorientierte 43
Geschichte 29
Geselligkeit 28
Gespräch 33
Gespür 51
Gewissenhaftigkeit 30, 65, 67
Gründerpersönlichkeit 96

H

Handel 29
Handeln 101
Handeln, unternehmerisches 101
Hardiness 103
Herausforderungen 48
Hindernisse 81

I

Innovation, Bereitschaft zur 58
Inspiration 107
Interagieren 103
Interimsmanagement 38
Investition in die Zukunft 60

K

Karriere 27
Karriereanker 67
Karriereorientierung 67, 71
Karriereorientierungen 70, 73
Kleinunternehmen 38
Know-how 90
Komfortzone 81
- Erweitern der 89
- Verlassen unserer 79
Kommunikationsfähigkeit 105
Kommunikationskultur 108
Kompetenzmodell 94
Konfliktbereitschaft 31
Konfliktpotenzial 8
Konkretisierung, stufenweise 56

Stichwortverzeichnis

Konkurrenzanalyse 90
Konsequenzen der Entscheidung 85
Kooperationsfähigkeit 104
Kooperationspartner 90
Kreativität 27
Krise 32
Kritische Phase 1, 85
Kulturaspekt, neuer 60
Kunde 34
Kundenbedürfniss 107
Kundenzufriedenheit 102

L

Laufbahnentscheidung 68
Leistungsmotivation 101
Lernbereitschaft 99
Lernkurve, erfolgreiche 85
Lernpotenzial 88
Lessons Learned 12, 15
Lohn 48
Lösungsweg 82
Loyalität 97

M

Management
– -Assessment 94
– -Diagnostik 94
– -Kompetenzen 94
Mastermind-Gruppe 42
middle manager 65
Misserfolg, unternehmerischer 84
Monitoring 102
Morgenspaziergang 61
Motiv 27
Motivation 106
Muskel-Komfortzone 79

N

Nachfolge 20
Nachfolgeprozess 3
– erfolgreicher 6
Nachfolgeregelung
– familienexterne 13
– familieninterne 10
– Grundsätze für eine erfolgreiche 9

Nachfolger/in in der Familie, Aufgaben der/des 9
Nachkriegsboom 43
Neugier 99, 107
Neurotizismus 67
Nonkonformismus 26
Normen 31, 98

O

Offenheit 30
– für neue Erfahrungen 65, 67
– zwischenmenschliche 98
Online-Kommunikation 41
Onlinetool 58
Optimismus 26, 107
Organisation, lernende 56

P

Pauschalauftrag 45
Personalselektion 94
Persönlichkeit 71
Persönlichkeitsausprägung 69
Persönlichkeitsunterschied 4, 68
Pionierdenken 21
Planungsfähigkeit 100
Plattformen der Wahrhaftigkeit 57
Potenzial, innovatives 88
Produktion 29
Projektmanagement 38
Prozessauswertung 61
Psychologie, angewandte 3
Pull-Prinzip 57
Push-Prinzip 57

R

Referenzteam 54
Reptiliengehirn 78
Resilienz 84, 89
Respekt 24
Ressource 103
Risiko 87
Risikobereitschaft 24
Riskieren des Scheiterns 79
Rollenfindung 20

Rubikonmodell 102
Rückschlag 32

S

Scheitern
– gezieltes 78
– Riskieren des 79
– smartes 88
SCHULER St. JakobsKellerei 25
Scrum
– -Master 54
– -Methodik 54
– -Sprints 58
Selbstorganisation 4, 55, 60
Selbstorganisationskompetenz 62
Selbstständigkeit 26, 64
– -Unabhängigkeit 70
senior manager 65
Sicherheit-Beständigkeit 70
Sinnvermittlung 106
Sozialberatung, externe 45
Stabilität, emotionale 64, 65
Stammhirn 78
Standbein, zweites 41
Start-up-Persönlichkeiten 2
Start-up-Unternehmen 97
Startworkshop 56
Stockdale-Paradoxon 103
Supervisionsrolle 61
System
– 1 100
– 2 100

T

Team 86
– Klima Inventar (TKI) 58
Teambildung 107
Teamwork 104
Tiefpunkt 81
Tiefschlag 88
TKI (Team Klima Inventar) 58
Tradition 34
Tragkraft 46
Traglast 46
Transaktionalität 105
Transformationalität 106
Transformationsprozess 48

Stichwortverzeichnis

U

Unabhängigkeit 64
Unternehmen 33
Unternehmenskultur 51
Unternehmer/in, Aufgaben des/der übergebenden 9
Unternehmer/innen 24
Unternehmerpersönlichkeit 7
Unternehmertum 3, 70
Unterstützung, gegenseitige 52
Urängste 79

V

Verkauf 29
Verlassen unserer Komfortzone 79
Verpflichtung 27, 33
Verträglichkeit 65, 67
Video 49

Vision 81, 83, 106
– zum Leben zu erwecken 47
Vorbild 106
Vorschrift 98

W

Wachstum 89
– Chance auf 82
Wahrhaftigkeit, Plattformen der 57
Wandel 24
Wannapreneurship 82
Weg, innovativer 83
Wein 28
Weinanbieter 24
Weiterbildung 90
Weiterentwicklung 86
Wendepunkt 85
Wert 97
Werteebene 48

Wertequadrat 95
Wettbewerb 34, 64
Wissen 86
Wissensdatenbank 58

Y

YouTube 50

Z

Zeit 49
Zeitfenster 88
Zeitmanagement, modernes 40
Zielfokussierung 102
Zukunft, Investition in die 60
Zweifel 81
Zyklen 90
Zyklus 84

Ihr Bonus als Käufer dieses Buches

Als Käufer dieses Buches können Sie kostenlos das eBook zum Buch nutzen. Sie können es dauerhaft in Ihrem persönlichen, digitalen Bücherregal auf **springer.com** speichern oder auf Ihren PC/Tablet/eReader downloaden.

Gehen Sie bitte wie folgt vor:
1. Gehen Sie zu **springer.com/shop** und suchen Sie das vorliegende Buch (am schnellsten über die Eingabe der eISBN).
2. Legen Sie es in den Warenkorb und klicken Sie dann auf: **zum Einkaufswagen/zur Kasse.**
3. Geben Sie den untenstehenden Coupon ein. In der Bestellübersicht wird damit das eBook mit 0 Euro ausgewiesen, ist also kostenlos für Sie.
4. Gehen Sie weiter **zur Kasse** und schließen den Vorgang ab.
5. Sie können das eBook nun downloaden und auf einem Gerät Ihrer Wahl lesen. Das eBook bleibt dauerhaft in Ihrem digitalen Bücherregal gespeichert.

EBOOK INSIDE

eISBN	978-3-662-56021-1
Ihr persönlicher Coupon	3779F9qbxRB5Eqx

Sollte der Coupon fehlen oder nicht funktionieren, senden Sie uns bitte eine E-Mail mit dem Betreff: **eBook inside** an **customerservice@springer.com**.